改訂新版

"やる気"と"働きがい"を引き出す
福祉・介護事業者の
人事・労務

TKC全国会
社会福祉法人経営研究会 代表幹事
川井義久
Yoshihisa Kawai

社会保険労務士
人事コンサルタント
山口徹実
Tetsumi Yamaguchi

TKC出版

はじめに

　福祉・介護業界における喫緊の課題は、その担い手である人材の確保と育成ではないでしょうか。

　2025年には約248万人が必要になると試算される福祉・介護労働者は、単純に計算すれば現在の数の約1.5倍が必要となり、そこでは約30万人が不足するといわれております。しかし、むやみに数を増やすだけではサービスの品質を落とすことになりかねません。そして、離職率を高めるという結果を招くことになるでしょう。

　世間では、「きつい」「汚い」「危険」、さらには「結婚できない」と、４Kの職場というイメージを抱いています。果たして、そのイメージは真実を現した実態といえるでしょうか。そこには真の実態が知られていない状況があります。福祉・介護に携わる人たちはもっと魅力ある職場であることをアピールし、人材確保・育成につなげていかなければなりません。国も福祉・介護人材確保の支援に積極的に取り組んでいます。それぞれの事業所も共に汗をかき、知恵を絞り、業界全体の大きなうねりを起こしていくことが必要です。

　人材確保・育成においては、その入口である入職率を高めることと、出口といえる離職率を抑え、定着率を高めることを考えなければなりません。しかし、入口のリクルート活動を行う以前に、事業所として経営理念の実現のために「どのような人材を求めるのか」、事業所が必要とする人材像を明確にしなければなりません。その上で事業所の魅力、仕事の魅力を伝えることが大切です。また、生産年齢人口が減少する中で、求人の幅を拡げる検討や、女性の多い職場であることから結婚、出産等のライフサイクルに

応じた柔軟な就業形態を指向することも職場の魅力度を高める有効な打ち手となるでしょう。

次に、出口の離職率を抑えるには、せっかくコストをかけて採用した職員が「なぜ、退職するのか」、その理由を真剣に考えることです。確かに、リアリィティギャップや退職者自身のやむを得ない事情もあるでしょう。しかし、①職場に居場所があったのか、②教育・指導ができていたのか、③当人が仕事にやりがいを見いだせていたのか、④上長が公正・公平な評価をしていたのか、⑤将来に夢が持てていたのか——等々、事業所としての組織的な対応ができていたかを検証してみてください。

今後、多様化・高度化するニーズに対し質の向上は不可欠となっています。しかし、福祉・介護の仕事は「人」を相手にする支援・サービスであり、コミュニケーション能力やマインドも問われます。とっさの判断能力も問われます。さらには単一的、画一的な「解」はなく、利用者それぞれの状況・状態に応じた工夫が必要になります。加えて、介護報酬では利用者の状態の改善度合いに応じた成果報酬の仕組みを導入する方向にあります。より専門性を発揮しなければなりません。採用した人材1人ひとりをしっかりと丁寧に育てる、そして、1人ひとりの持てる力をチームとして最大限に発揮してもらうことによって、組織的なサービスの質向上を成し遂げていくことが必要です。

福祉・介護業界は、今後ますます二極化が進むことが予想されます。「勝ち組」になるか「負け組」になるかの岐路は今ではないでしょうか。生産年齢人口が減少する中で、人材の確保と育成によって質の高いサービス提供体制をいち早く確立することが求められています。

なお、本書の出版に当たりご協力を賜りました皆様、ご支援を

賜りましたTKC全国会社会福祉法人経営研究会、㈱TKC出版の皆様に深く感謝申し上げます。

　本書が福祉・介護サービス事業の皆様のご参考になれば幸いです。

平成27年6月吉日

改訂新版 "やる気"と"働きがい"を引き出す 福祉・介護事業者の **人事・労務** ……目 次

はじめに

第1章 福祉・介護事業者の経営改善の必要性　1

1 変革期にある福祉・介護事業　2
(1) 人材の確保と育成が急務／2
(2) 人事・労務体制の整備が必須／3
(3) やりがい・働きがいの持てる魅力ある職場に／5
(4) 経営者のマネジメント能力向上が不可欠になっている／6

2 業績管理体制の構築が必須　9
(1) 現状把握が第一歩／9
(2) 業績改善の着眼点／10
(3) PDCAサイクルで経営基盤を強化／16

第2章 経営戦略における人事戦略の位置づけ　17

1 業界を取り巻く環境　18
(1) 高齢者人口と高齢者世帯の推移／18
(2) 要介護認定者と介護職員の推計／19
(3) 処遇改善加算の拡大（キャリアパス）／20

2 経営戦略における人事戦略の位置づけ　23
(1) 経営戦略／23
(2) 人事戦略／29

第3章
雇用管理─採用から退職までのトラブル防止　31

① 労働者と使用者　33
（1）労働者／33
（2）使用者／34

② 雇用形態の多様化　34
（1）雇用形態の種類／34
（2）正職員／35
（3）パート職員／35
（4）嘱託職員（定年後再雇用職員）／36
（5）登録・契約職員／37
（6）派遣職員／39
（7）出向職員／39
（8）パート職員の雇用管理上の留意点／39
（9）雇用のポートフォリオ／45

③ 雇用の現況　46

④ 労働条件　51
（1）労働条件の内容／51
（2）労働条件の明示／54

⑤ 採　用　56
（1）採用計画／58
（2）「必要とする人材像」の明確化／59
（3）採用方式の選択／60
（4）募集ターゲットの絞り込み／62
（5）募集媒体の選択／62
（6）求人内容等の情報発信／65
（7）採用手順／66
（8）受付／66
（9）書類選考／67
（10）筆記試験・適性検査／68
（11）面接の留意点／68
（12）面接時の主な質問事項とその留意点／71
（13）採用コスト／73

(14) 採用内定における留意点／74
　　　(15) 採用時に取得する書類／75
　　　(16) 採用時における雇用形態／76
　　　(17) 新入職員の受け入れ準備／77

6 人事異動　　　　　　　　　　　　　　　　　　78
　　　(1) 配置転換・転勤・出向・転籍／78
　　　(2) 昇格・昇進／79

7 退職と解雇　　　　　　　　　　　　　　　　　80
　　　(1) 退　職／81
　　　(2) 優秀な人材の退職阻止と退職理由の把握／83
　　　(3) 懲戒処分／86
　　　(4) 解　雇／87
　　　(5) 解雇予告手当／89
　　　(6) 雇止め（契約更新の拒否）／90
　　　(7) 労使間紛争（トラブル）への対応／91

8 労働基準監督署の調査への対応　　　　　　　　94

9 問題のある職員への対処方法　　　　　　　　　96
　　　(1) 遅刻の常習者への対処／96
　　　(2) 事業所に相応しくない身なり・服装の者への対処／97
　　　(3) 能力不足の試用者への対処／97
　　　(4) 同僚との協調性を欠く職員への対処／98
　　　(5) 残業を拒否する職員への対処／98
　　　(6) 研修の常習的未受講者への対処／99
　　　(7) 退職後の守秘義務違反者への対処／99

第4章
就業管理──質向上と働きがいのある職場環境の整備　101

1 労働時間・休憩時間　　　　　　　　　　　　102
　　　(1) 労働時間／102
　　　(2) 休憩時間／107
　　　(3) 労働時間の把握／108
　　　(4) 法定労働時間／109

2 変形労働時間制　110
　(1) 1か月単位の変形労働時間制・4週単位の変形労働時間制／110
　(2) 1年以内の単位の変形労働時間制／112
　(3) フレックスタイム制／113

3 休日、休暇　114
　(1) 休日と休暇／114
　(2) 休日の原則／114
　(3) 振替休日と代替休日／115
　(4) 独自の特別休暇制度／116

4 時間外労働、休日労働および深夜労働　116
　(1) 時間外労働（残業）と休日労働の種類（非常時を除く）／116
　(2) 深夜労働／119
　(3) 育児、介護中の時間外労働、深夜労働の制限／119
　(4) 時間外労働の限度に関する基準／119
　(5) 時間外労働と休日労働の適用除外者／120
　(6) 日直・宿直業務／121
　(7) 時間外労働の現状／122
　(8) 労働時間の短縮／123

5 事業場外労働に関するみなし労働時間制　126

6 年次有給休暇　127
　(1) 付与日数／127
　(2) 算定基準日の統一／128
　(3) 取得方法／129
　(4) 取得の単位／130
　(5) 登録型訪問介護職員（登録型ヘルパー）の年次有給休暇／130

7 休職制度　131

8 育児休業制度　133
　(1) 育児休業の対象者／133
　(2) 育児休業の取得手続き／134
　(3) 使用者の支援義務／134
　(4) 育児休業給付制度　他／135

9 介護休業制度　135
　(1) 介護休業の対象者／135
　(2) 対象家族の範囲／136

(3) 介護休業の取得手続き／136
　　　(4) 使用者の支援義務／137
　　　(5) 介護休業給付制度　他／137

　10　**女性に関する規定**　137
　　　(1) 生理休暇／137
　　　(2) 産前産後休業／137
　　　(3) 妊産婦の就労／138

　11　**セクシャルハラスメント（セクハラ）**　138

　12　**パワーハラスメント（パワハラ）**　139

　13　**職員の事故**　141

　14　**メンタルヘルス**　142

　15　**就業規則の整備**　146
　　　(1) 記載要件／146
　　　(2) 届出・変更等／148

　16　**安全衛生**　149
　　　(1) 安全衛生教育／149
　　　(2) 健康診断／149
　　　(3) 安全衛生管理体制の確立／150

　17　**介護支援機器や介護ロボットの活用**　151

第**5**章
賃金管理──変革が求められる賃金体系の考え方　153

　1　**労基法における賃金**　155
　　　(1) 賃金の定義／155
　　　(2) 賃金決定の留意点／155
　　　(3) 出来高払の保障給／155
　　　(4) 休業手当／156
　　　(5) 最低賃金／157
　　　(6) 賃金支払方法の原則／157

2 賃金額管理　158
(1) 賃金額の決定要因／159
(2) 一般的な賃金総額の決定方式／159
(3) 人件費対事業活動収入率／160
(4) 統計データに見る正職員の給与水準／161
(5) 統計データに見る非正規職員の給与水準／163

3 賃金体系管理　164
(1) 月次給与の賃金体系／164
(2) 固定給（基本給）／164
(3) 歩合給（能率給・出来高給）／167
(4) 賃金表／168
(5) 主要な諸手当／169
(6) 割増賃金／171

4 賃金形態管理　172

5 賞与（特別給与）　175

6 退職金　178

7 人事評価（人事考課）　183
(1) 人事評価の基準／183
(2) 人事評価の評定誤差／185
(3) 人事評価の方法／185
(4) 360度人事評価（多面人事評価）／186
(5) 人事評価と処遇への反映／187
(6) 面接制度／188

8 パートタイマー職員の賃金管理　189
(1) 時給額の決定／189
(2) 賃金改定／190

第6章
能力開発—人材育成には仕組みづくりが必要　191

1 教育・訓練　195
(1) OJT／195
(2) Off-JT（集合教育）／196
(3) 自己啓発／197
(4) コーチング／198
(5) エルダー制度・メンター制度／198

2 介護キャリア段位制度　199

3 教育訓練に関わる助成金　200

第7章
福利厚生—成果を引き出す職場環境づくり　205

1 労災保険の給付　207
(1) 目　的／207
(2) 適用事業所および被保険者／207
(3) 給付内容／208
(4) 保険料／209

2 雇用保険の給付　209
(1) 目　的／209
(2) 適用事業所および被保険者／210
(3) 給付内容／210
(4) 保険料／212

3 健康保険の給付　213
(1) 目　的／213
(2) 適用事業所および被保険者／213
(3) 給付内容／214
(4) 保険料／218

4 厚生年金保険の給付　219
　（1）目　的／219
　（2）適用事業所および被保険者／219
　（3）給付内容／219
　（4）保険料／222
5 法定外福利厚生制度　222
6 介護事業者責任賠償保険制度　224

第8章
組織・職員の活性化──選ばれる事業者となるために　225

1 職員満足　228
2 組織の活性化　229
　（1）目標による管理（Management by Objectives）／229
　（2）小集団活動／231
　（3）インセンティブ制度／232
　（4）コミュニケーションの強化／232
3 職員の活性化　234
　（1）マズローの欲求5段階説／235
　（2）ロールモデル／235
　（3）リーダーシップ／236
4 組織と職員の活性化　242
　（1）面談制度の活用／242
　（2）SWOT分析の活用／243
　（3）バランス・スコアカードの活用／244

■有効に活用したい助成金等　247
■参考資料　255

第 **1** 章

福祉・介護事業者の経営改善の必要性

1 変革期にある福祉・介護事業

(1) 人材の確保と育成が急務

　団塊の世代がすべて75歳以上となる2025年には、後期高齢者が2,000万人を突破するとともに、認知症や医療ニーズを併せ持つ要介護高齢者の増大が見込まれています。そこでは250万人程度の介護人材が必要と推計され、現状の施策のままでは約30万人が不足するといわれています。少子高齢化の進展や国民のライフサイクルの多様化等により福祉・介護サービスのニーズは増大化する一方ですが、それを支える生産年齢人口は人口減少社会の中にあって、すでに減少局面にあります。また、近年は介護職員の不足感を抱く事業者も年々増加しており、とくに訪問介護においては半数以上の事業者が"不足"と感じています（介護労働安定センター調べ）。

　ケアの質という側面においても、医療ニーズの高まりや認知症高齢者、高齢者のみ世帯の増加等から介護ニーズの高度化・多様化に対応しうる介護人材の質的向上が求められています。

　このような中で介護事業者にとっては、現状の人材不足への対応も当然のことながら、将来を見据えた中での人材確保・育成等の戦略が不可欠となっています。

　国の福祉・介護職員に対する賃金水準引き上げの施策としては、平成21年度の補正予算において介護職員処遇改善交付金を設け、喫緊の課題として位置づけ助成をしてきました。この賃金改善を継続していくことを目的に平成24年度からは、介護報酬において介護職員処遇改善加算として対応してきました。これは平成27年度の介護報酬改定においても引き継がれ、拡充されました。福祉・介護事業者にとっては、賃金水準を引き上げるだけでなく、

やる気と働きがいの持てる職場にすることが必要なのではないでしょうか。

(2) 人事・労務体制の整備が必須

　前述の介護職員処遇改善交付金や介護職員処遇改善加算は、単に賃金の向上だけを目的に助成するものではありません。職位・職責・職務内容に応じた任用要件と賃金体系を整備することや、資質向上のための計画を策定して研修の実施または研修の機会を確保することなどのキャリアパス要件を満たす必要があります。

○介護職員の処遇改善に関するこれまでの施策
・平成21年4月
　平成21年度介護報酬改定　＋3％
　（介護従事者の処遇改善に重点をおいた改定）
・平成21年10月～平成24年3月
　介護職員処遇改善交付金（補正予算）
・平成24年4月
　平成24年度介護報酬改定　＋1.2％
　（介護職員処遇改善交付金について「介護職員処遇改善加算」を創設し引き継ぐ）
・平成27年4月
　平成27年度介護報酬改定　▲2.27％
　（全体はマイナス改定の中で、処遇改善加算等の介護職員の賃上げ分として＋1.65％）

　上記の平成21年度補正予算の介護職員処遇改善交付金の支給を受けるためには算定要件を満たさなければならず、その後の処

遇改善加算においても同様の要件が求められています。

○介護職員処遇改善加算Ⅰの算定要件

① 介護職員の賃金の改善に要する費用の見込額が介護職員処遇改善加算の算定見込額を上回る賃金に関する計画を策定し、当該計画に基づき適切な措置を講じていること。

② 賃金改善等に関する介護職員処遇改善計画書を作成し、すべての介護職員に周知するとともに、都道府県知事等に届け出ていること。

③ 介護職員処遇改善加算の算定額に相当する賃金改善を実施すること。

④ 事業年度ごとに、介護職員の処遇改善に関する実績を都道府県知事等に報告すること。

⑤ 算定日が属する前12月間において、労働基準法、労働者災害補償保険法、最低賃金法、労働安全衛生法、雇用保険法その他の労働に関する法令に違反し、罰金以上の刑に処せられていないこと。

⑥ 労働保険料の納付が適正に行われていること。

⑦ 次の基準のいずれにも適合すること。(キャリアパス要件)
・介護職員の任用の際における職責または職務内容等の要件を定めていること。
・上記の要件について書面で作成し、すべての介護職員に周知していること。
・介護職員の資質向上の支援に関する計画を策定し、当該計画に係る研修の実施または研修の機会を確保していること。また、すべての介護職員に周知していること。

⑧ 介護職員処遇改善計画書の届出をする前月までに実施した

処遇改善の内容（賃金改善に関するものを除く）及び処遇改善に要した費用をすべての職員に周知していること。（新たな定量的要件）

○加算の仕組み
　・介護職員処遇改善加算Ⅰ
　　　… 基本サービス費に各種加算減算を加えた1月当たり総単位数にサービス別加算率を乗じた単位数を算定
　・介護職員処遇改善加算Ⅱ
　　　… 基本サービス費に各種加算減算を加えた1月当たり総単位数にサービス別加算率（加算Ⅰのサービス別加算率の約55％の加算率）を乗じた単位数を算定
　・介護職員処遇改善加算Ⅲ
　　　… 加算Ⅱにより算出した単位の90％
　・介護職員処遇改善加算Ⅳ
　　　… 加算Ⅱにより算出した単位の80％

つまり、これは職員の質向上の仕組みと人事管理の仕組みを制度として整備し、魅力ある職場とすることを事業者に求めているといえます。

(3) やりがい・働きがいの持てる魅力ある職場に
　現場の職員が福祉の職場を選んだ理由としては、「やりたい職種・仕事」「能力や資格が活かせる」等です。一方、離職の理由は「職場の人間関係」や「法人・事業所の理念や運営のあり方に不満があった」等が上位の理由です。また、離職者の勤務年数をみると、「3年未満」が7割以上を占めるというデータもあります。

せっかく夢や希望を持って入職しているにもかかわらず、辞めざるを得ない状況があることは大変残念なことです。その事業所に就業規則や賃金体系、人材育成環境、職場のコミュニケーションなどの職場環境等が整備されておらず、職員がやりがいを見出せなかったと真摯に受けとめなければならないのではないでしょうか。

　労働関係法規をきちんと把握した対応はもとより、女性が働き続けられる職場にすることや高年齢者層の活用などの多様な働き方への対応、キャリアパス制度、賃金体系などの方策を複合的に整備し、「見える化」することが何より大事です。

　そして、職員の労働環境を１つひとつ着実に整備し、努力が報われるような仕組みを構築するとともに、いかに理事長・施設長の想いを職員に伝え、一丸となって目標に向かう法人・施設とするかが大切です。それには経営理念を明確にし、全員で共有する体制を構築することが必要です。それによって自分の仕事が有意義であること、社会に貢献していることを実感し、誇りと使命感を持って、やりがいを持って仕事に取り組めるのです。

(4) 経営者のマネジメント能力向上が不可欠になっている

　人材確保と育成が喫緊の課題となっている福祉・介護の業界にありながら、平成27年度の介護報酬改定は大きなマイナス改定でした。しかも処遇改善は不可欠なことから1.2万円相当の賃金アップ（プラス1.65％）を織り込み、中重度の要介護者や認知症高齢者へのサービス拡充として0.65％のプラスが含まれ、実質的には4.48％の引き下げと、事業者に与える影響はとても大きいものがあります。

　同様に障害福祉サービス等報酬改定においても、1.2万円相当

の処遇改善加算を入れて±0％の改定と、実質マイナス改定となっています。

　国の財政健全化と社会保障財源の確保が重要課題となっている中で、今後もプラスの報酬改定は期待できない状況にあります。そういう中にあっても他産業・他職種との賃金格差を埋めるべく、賃金水準を引き上げていかなければならず、高度な経営が必要となっています。

　また、一方では福祉・介護事業の中心的な担い手である社会福祉法人について、その取り巻く環境が時代とともに変化してきている中で、経営組織のあり方、運営の透明性確保、適正かつ公正な支出管理、内部留保の明確化等、法人自体のあり方についての制度改革が進められようとしています。

　とくに内部留保に関しては、何が内部留保かを明確にするとともに、「再投下財産額」として新たな社会福祉事業等への投資、地域公益事業への投資、その他の公益事業への投資をするための財産であると位置づけられました。

　再投下可能な財産額を算出する上では、事業に活用している不動産等や、現在の事業の再生産に必要な財産、必要な運転資金を控除しますが、従来のままの法人運営では、再生産をする必要利益も上げられなくなる懸念が一方ではあります。

　これまで以上に事業者のマネジメント能力の向上が不可欠になっており、まさに公益性・非営利性を担保する中で自立経営が求められているといえるでしょう。

社会保障審議会福祉部会　報告書より（平成27年2月12日）

■内部留保の明確化

・いわゆる内部留保の実態を明らかにするに当たっては、社会福祉法人が保有する、全ての財産（貸借対照表上の純資産から基本金及び国庫補助等積立金を除いたもの）を対象に、当該財産額から事業継続に必要な最低限の財産の額（控除対象財産額）を控除した財産額（負債との重複分については調整）を導き、これを福祉サービスに再投下可能な財産額として位置付けることが適当である。

・控除対象財産額は、
  ① 社会福祉法に基づく事業に活用している不動産等（土地、建物、設備等）、
  ② 現在の事業の再生産に必要な財産（建替、大規模修繕に必要な自己資金）、
  ③ 必要な運転資金（事業未収金、緊急の支払いや当面の出入金のタイムラグへの対応）

を基本に算定することが考えられる。これらは、内部留保を的確に明確化するに当たっての要となる部分であるので、その詳細な内容については、制度実施までの間に、専門的な見地から検討の上、整理する必要がある。

■福祉サービスへの計画的な再投下

・「再投下計画」には、社会福祉法人が実施する社会福祉事業又は公益事業により供給される福祉サービスへの再投下の内容や事業計画額が計上されるが、計画を検討するに当たっての優先順位については、以下のとおり考えるべきである。

① 社会福祉法人は、社会福祉事業の実施を主たる目的とする法人であることから、社会福祉事業への投資（施設の新設・増設、新たなサービスの展開、人材への投資等。社会福祉法人による利用者負担の軽減など社会福祉事業に関する地域における公益的な取組を含む。）を最優先に検討する。なお、実質的に社会福祉事業と同じ機能を担う、いわゆる小規模事業についても併せて検討する。

② 更に再投下財産がある場合には、社会福祉法人は、社会福祉事業の主たる担い手であるとともに、既存制度では対応できない地域ニーズにきめ細かく対応することを本旨とする法人であること、規制改革実施計画（平成26年6月24日閣議決定）は、こうした社会福祉法人の在り方を徹底する観点から、生計困難者に対する無料・低額の福祉サービスの提供などの社会貢献活動の実施を義務付けるとしていることから、社会福祉事業として制度化されていない福祉サービス（社会福祉法第26条の公益事業により供給されるサービス）を地域のニーズを踏まえて無料又は低額な料金により供給する事業（「地域公益事業」という。）への投資を検討する。

③ 更に再投下財産がある場合には、その他の公益事業への投資を検討する。

2 業績管理体制の構築が必須

(1) 現状把握が第一歩

職員の処遇改善を行うため、良質な福祉サービスを持続的かつ安定的に提供していくためには、経営基盤を強化し、健全で適正なものにしていく必要があります。そして、自立した法人経営の

もと、常に経営改善を重ねていく体制構築が必要です。

それにはまず、現状の立ち位置を把握して、将来を見通した計画のもと、問題点等を洗い出して、その打ち手を立てていくことが欠かせません。一般の企業では財務分析ということで、利益率はどうなのか、材料費や経費の割合は適切か等々、同規模の同業者と比較したり、前期と比較したり、いろいろな角度から分析し、その対策を立てていきます。福祉・介護事業者も基本は同じですが、報酬が制度によって決められている、いわゆる制度ビジネスであることや、利益を出してそれを分配することが目的ではないことから、そのままの考え方は当てはまりません。事業を継続していくために必要な利益や運転資金を明確にした上で、他の法人との比較等をして、現状の問題点を明らかにしていきます。

データの比較においては、単に高い低いだけでなく、どうして高いのか・低いのか、その要因を明らかにすること。「将来どのような施設・法人にしたいのか」というビジョン・目標を明確にして、その達成のために、何が不足しているのか、何を改善していかなければならないのかを把握することが大事です。

ちなみに、TKC全国会社会福祉法人経営研究会では、同研究会会員が関与する全国の社会福祉法人の決算財務データを分類・集計した「TKC社会福祉法人経営指標（S-BAST）」を指標として活用しています。（12～15頁に特養の二期比較を掲載）

(2) 業績改善の着眼点

自施設・自法人の実態把握とともに業績改善のための着眼点からの検討が欠かせません。以下に主な項目をあげます。それぞれの項目に着目して検討することで、問題点や改善点がより一層明確になります。

〔収入項目〕
　① 自法人の最大収入を把握しているか（報酬加算を導入しているか）
　② 自法人の最大収入に対する収入実績を把握しているか（空室率、平均介護度）
　③ 制度改正に伴う新サービス・新市場の評価とその打ち手を検討しているか
　④ 中長期計画における増床の要否とその採算の検討をしているか
　⑤ サテライト型の付属的施設への展開を検討しているか

〔人件費支出〕
　① 人件費総額の妥当性を人件費比率等で確認しているか
　② １人あたり事業活動収入等の指標から人員数の妥当性の確認を行っているか
　③ １人あたり人件費等の指標から、１人あたり人件費水準の確認を行っているか
　④ 将来の負担額を見据えた退職金規定を定めているか
　⑤ 内部で行う業務について、外部委託のメリット・デメリットを検討しているか
　⑥ サービス向上のための人材の確保と育成を行っているか

〔事務費・事業費〕
　① 事務費総額の妥当性を事務費比率等で確認し、必要に応じて事務費内訳の時系列分析を行っているか（過年度よりの推移）
　② 事業費総額の妥当性を事業費比率等で確認し、必要に応じて事業費内訳の時系列分析を行っているか

参考 特別養護老人ホーム(従来型)の二期比較

『TKC社会福祉法人経営指標(S-BAST)』より

■事業名:特別養護老人ホーム(指定介護老人福祉施設)(従来型)

要約資金収支計算書

区分	年度 項目	平成24年 1施設当り平均額(千円)	構成比(%)	平成25年 1施設当り平均額(千円)	構成比(%)	1施設当りの比較 対前年増減額(千円)	前年対比(%)
要約資金収支計算書	対象施設数	89件		89件			
	介護保険事業収入	268,183	98.6	264,900	98.5	-3,283	98.8
	(補助金事業収入)	1,498	0.5	763	0.2	-735	50.9
	(受託事業収入)	561	0.2	388	0.1	-173	69.2
	上記以外の事業収入	3,771	1.3	3,861	1.4	90	102.4
	(経常経費寄附金収入)	283	0.1	532	0.1	249	188.0
	事業活動収入計	271,955	100.0	268,762	100.0	-3,193	98.8
	人件費支出	169,738	62.4	169,984	63.2	246	100.1
	事業費支出	44,900	16.5	45,909	17.0	1,009	102.2
	事務費支出	31,119	11.4	30,268	11.2	-851	97.3
	上記以外の事業支出	2,204	0.8	2,070	0.7	-134	93.9
	(支払利息支出)	1,306	0.4	1,114	0.4	-192	85.3
	事業活動支出計	247,963	91.1	248,232	92.3	269	100.1
	事業活動資金収支差額	23,991	8.8	20,529	7.6	-3,462	85.6
	施設整備等資金収支差額	-12,665	-4.6	-13,108	-4.8	-443	
	(設備資金借入金元金償還支出)	8,754	3.2	7,896	2.9	-858	90.2
	その他の活動収入計	11,974	4.4	25,308	9.4	13,334	211.4
	その他の活動支出計	22,836	8.3	28,719	10.6	5,883	125.8
	その他の活動資金収支差額	-10,861	-3.9	-3,410	-1.2	7,451	
	当期資金収支差額合計	464	0.1	4,010	1.4	3,546	864.2

第1章　福祉・介護事業者の経営改善の必要性

■事業名：特別養護老人ホーム（指定介護老人福祉施設）（従来型）

要約事業活動計算書

区分	年度 項目	平成24年 対象施設数 89件		平成25年 対象施設数 89件		1施設当りの比較	
		1施設当り平均額(千円)	構成比(%)	1施設当り平均額(千円)	構成比(%)	対前年増減額(千円)	前年対比(%)
要約事業活動計算書	介護保険事業収益	268,013	99.6	264,953	99.6	-3,060	98.9
	（補助金事業収益）	1,306	0.4	765	0.2	-541	58.6
	（受託事業収益）	561	0.2	387	0.1	-174	69.0
	上記以外のサービス活動収益	918	0.3	966	0.3	48	105.2
	（経常経費寄附金収益）	285	0.1	536	0.2	251	188.1
	サービス活動収益計	268,931	100.0	265,920	100.0	-3,011	98.9
	人件費	171,769	63.8	171,459	64.4	-310	99.8
	事業費	44,831	16.6	45,893	17.2	1,062	102.4
	事務費	30,345	11.2	29,475	11.0	-870	97.1
	上記以外のサービス活動費用	13,303	4.9	11,684	4.3	-1,619	87.8
	（減価償却費）	24,255	9.0	24,178	9.0	-77	99.7
	（国庫補助金等特別積立金取崩額）	12,714	4.7	13,934	5.2	1,220	109.6
	（引当金繰入－引当金戻入益）	-2	0.0	1	0.0	3	
	サービス活動費用計	260,249	96.7	258,512	97.2	-1,737	99.3
	サービス活動増減差額	8,681	3.2	7,407	2.7	-1,274	85.3
	サービス活動外増減差額	1,355	0.5	1,141	0.4	-214	84.2
	経常増減差額	10,037	3.7	8,549	3.2	-1,488	85.2
参考事項	常勤職員の期末在職者数（人）	44.0		42.7		-1.3	97.0
	事業活動資金収支差額対事業活動収入率(%)	8.8		7.6		-1.2	86.4
	経常増減差額対サービス活動収益率(%)	3.7		3.2		-0.5	86.5
	人件費対サービス活動収益率(%)	63.8		64.4		0.6	100.9

参考 特別養護老人ホーム(ユニット型)の二期比較

『TKC社会福祉法人経営指標(S-BAST)』より

■事業名：特別養護老人ホーム(指定介護老人福祉施設)(ユニット型)

要約資金収支計算書

区分	年度	平成24年		平成25年		1施設当りの比較	
	対象施設数	42件		42件			
	項目	1施設当り平均額(千円)	構成比(%)	1施設当り平均額(千円)	構成比(%)	対前年増減額(千円)	前年対比(%)
要約資金収支計算書	介護保険事業収入	229,750	98.6	229,257	98.9	-493	99.8
	(補助金事業収入)	1,620	0.6	1,029	0.4	-591	63.5
	(受託事業収入)	490	0.2	267	0.1	-223	54.5
	上記以外の事業収入	3,171	1.3	2,382	1.0	-789	75.1
	(経常経費寄附金収入)	236	0.1	246	0.1	10	104.2
	事業活動収入計	232,922	100.0	231,639	100.0	-1,283	99.4
	人件費支出	139,222	59.7	143,157	61.8	3,925	102.8
	事業費支出	34,056	14.6	35,445	15.3	1,389	104.1
	事務費支出	21,632	9.2	22,082	9.5	450	102.1
	上記以外の事業支出	5,122	2.1	4,939	2.1	-183	96.4
	(支払利息支出)	4,412	1.8	4,113	1.7	-299	93.2
	事業活動支出計	200,034	85.8	205,625	88.7	5,591	102.8
	事業活動資金収支差額	32,888	14.1	26,014	11.2	-6,874	79.1
	施設整備等資金収支差額	-12,389	-5.3	-16,730	-7.2	-4,341	
	(設備資金借入金元金償還支出)	15,322	6.5	22,015	9.5	6,693	143.7
	その他の活動収入計	9,305	3.9	18,145	7.8	8,840	195.0
	その他の活動支出計	17,238	7.4	20,615	8.9	3,377	119.6
	その他の活動資金収支差額	-7,933	-3.4	-2,469	-1.0	5,464	
	当期資金収支差額合計	12,564	5.3	6,814	2.9	-5,750	54.2

■事業名：特別養護老人ホーム（指定介護老人福祉施設）（ユニット型）

要約事業活動計算書

区分	年度 対象施設数 項目	平成24年 42件 1施設当り 平均額(千円)	構成比 (％)	平成25年 42件 1施設当り 平均額(千円)	構成比 (％)	1施設当りの比較 対前年増減額 (千円)	前年対比(％)
要約事業活動計算書	介護保険事業収益	228,298	99.8	229,257	99.7	959	100.4
	（補助金事業収益）	1,787	0.7	1,037	0.4	-750	58.0
	（受託事業収益）	489	0.2	267	0.1	-222	54.6
	上記以外のサービス活動収益	425	0.1	514	0.2	89	120.9
	（経常経費寄附金収益）	164	0.0	246	0.1	82	150.0
	サービス活動収益計	228,724	100.0	229,771	100.0	1,047	100.5
	人件費	141,076	61.6	144,613	62.9	3,537	102.5
	事業費	34,052	14.8	35,459	15.4	1,407	104.1
	事務費	21,381	9.3	21,832	9.5	451	102.1
	上記以外のサービス活動費用	18,609	8.1	16,983	7.3	-1,626	91.3
	（減価償却費）	24,360	10.6	23,100	10.0	-1,260	94.8
	（国庫補助金等特別積立金取崩額）	6,362	2.7	6,733	2.9	371	105.8
	（引当金繰入－引当金戻入益）	-3	0.0	0	0.0	3	
	サービス活動費用計	215,119	94.0	218,889	95.2	3,770	101.8
	サービス活動増減差額	13,604	5.9	10,881	4.7	-2,723	80.0
	サービス活動外増減差額	-1,078	-0.4	-2,683	-1.1	-1,605	
	経常増減差額	12,526	5.4	8,197	3.5	-4,329	65.4
参考事項	常勤職員の期末在職者数（人）	38.2		38.3		0.1	100.3
	事業活動資金収支差額対事業活動収入率（％）	14.1		11.2		-2.9	79.4
	経常増減差額対サービス活動収益率（％）	5.4		3.5		-1.9	64.8
	人件費対サービス活動収益率（％）	61.6		62.9		1.3	102.1

(3) PDCAサイクルで経営基盤を強化

　現状把握によって問題点を抽出したら、その対策を立て、次期事業年度の予算や中長期計画に反映させていくことになります。

　たとえば、サービス活動収益が前期実績などと比較して落ち込んでいるような場合は、新サービスや利用者増の対策によって収入アップの戦略が必要となります。また事務費、事業費が増加しているような場合は、しっかり執行管理を行うとともに、予算作成においても事業に連動した予算とすることが重要になります。

　社会福祉法人では毎年、予算をつくり、それに沿った事業運営を行っていますが、どのような目標を達成するための予算なのか、そういう意識を現場の職員1人ひとりが持つようにすることが大切です。また、どのような中長期の目標に向かっているのかを周知することも必要です。そのためにも中長期の経営計画を策定して、自法人の進むべき道を明確に示す必要があります。

　問題点を抽出して、対策を立て、計画し、実行する。いわゆるPDCAサイクルを回し、業績管理を徹底することが大切です。そして、PDCAサイクルを現場にしっかりと定着させ、常に経営改善に取り組み、経営基盤を強化していくことが不可欠になっています。

第**2**章

経営戦略における人事戦略の位置づけ

1 業界を取り巻く環境

(1) 高齢者人口と高齢者世帯の推移

　要介護率が高くなる75歳以上の人口は、図表2-1の通り、介護保険創設の平成12年（2000年）以降急速に増加してきました。今後、平成37年（2025年）までの約10年間においてもこの傾向は続く見込みです。そして平成42年（2030年）頃からは人口の急速な伸展はなくなるものの85歳以上の人口増加はしばらく続きます。

　また、65歳以上の単独世帯及び夫婦のみの世帯の伸びは、平成37年（2025年）で25.7％、平成47年（2035年）では28％（687万世帯）と、平成37年以降も増加傾向が続くことが推測されています。このような中で、介護保険料を負担する40歳以上の人口は、平成37年（2025年）以降、下降の一途を辿り、この世代への負担が重くのしかかります。

図表 2-1　75歳以上人口の推移

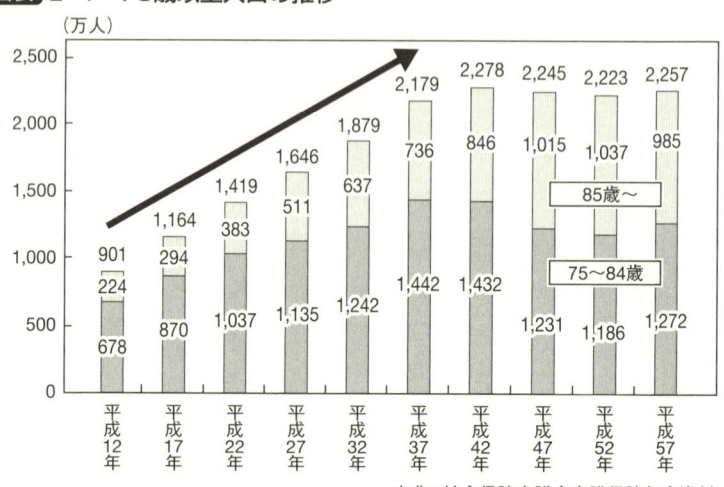

出典：社会保障審議会介護保険部会資料

(2) 要介護認定者と介護職員の推計

　要支援、要介護認定を受けた人は、平成12年（2000年）の218万人から平成26年（2014年）の585万人へと7年間で367万人、約268％も増加している状況です。（図表2－2）

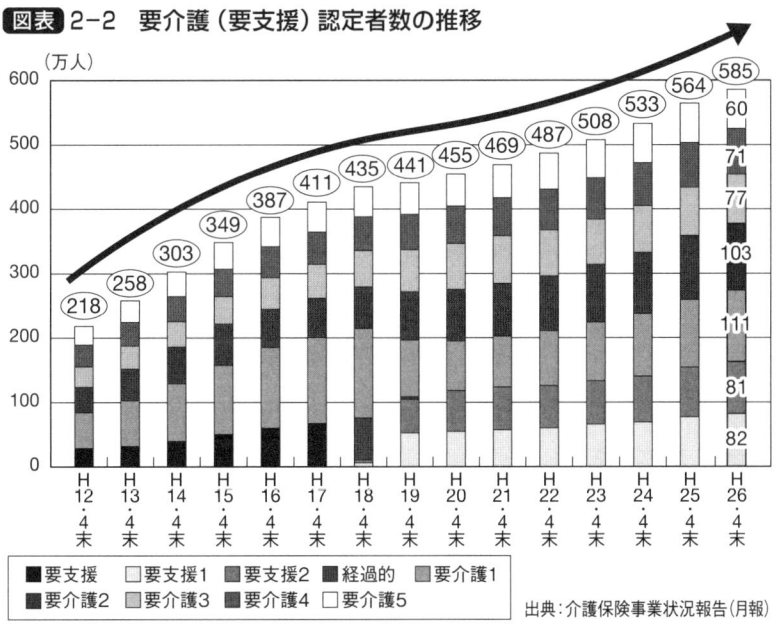

図表 2-2　要介護（要支援）認定者数の推移

出典：介護保険事業状況報告（月報）

　その一方、介護保険制度の施行後、55万人だった介護職員数は増加を続け、平成24年（2012年）には149万人と12年で3倍近くの数となりました（図表2－3）。しかしながら、図表2－4のように、介護事業者への調査では、介護職員の不足感を抱く事業者が半数を超えるという状況にあります。なお、介護職員数は、平成25年に約171万人となり、平成37年（2025）年の約248万人までさらに1.5倍の数が必要と推計されており、介護人材の確保は

重要課題となっています。

図表 2-3　介護職員数の推移と見通し

	平成12年度 (2000年度)	平成24年度 (2012年度) (推計値)	平成27年度 (2015年度) (推計値)	平成37年度 (2025年度) (推計値)
介護職員	55万人	149万人	167〜176万人 (164〜172万人)	237〜249万人 (218〜229万人)

注1：平成27年度・平成37年度の数値は社会保障・税一体改革におけるサービス提供体制改革を前提とした改革シナリオによる。（ ）内は現状をそのまま将来に当てはめた現状投影シナリオによる数値。
注2：2015年、2025年の推計値に幅があるのは、非常勤比率の変動を見込んでいることによるもの。

出典：厚生労働省「介護サービス施設・事業所調査」、「医療・介護に係る長期推計」

図表 2-4　介護職員の不足感

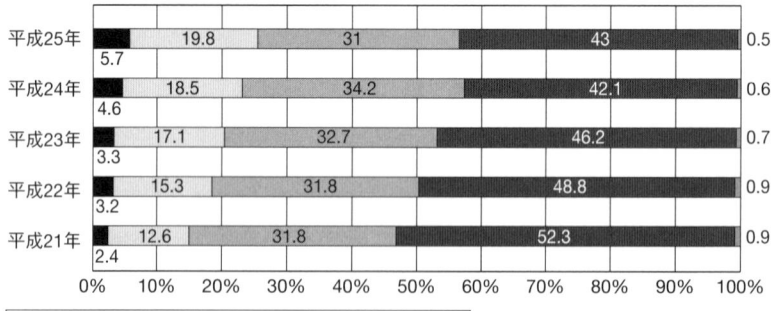

出典：介護労働実態調査

（3）処遇改善加算の拡大（キャリアパス）

　職員の能力向上のための仕組みと人事管理の仕組みを作り上げ、長期的に介護人材の確保・定着を図り魅力ある職場とするための国の施策の1つとして、「介護職員処遇改善交付金」、「介護職員処遇改善加算」があります（障害福祉サービス等報酬において

も同様の施策が行われている)。平成21年度に「介護職員処遇改善交付金」が創設され、平成24年度の介護報酬改定においてキャリアパス要件、職場環境等要件（旧定量要件）を提示した「介護職員処遇改善加算」が創設され、そして平成27年度の介護報酬改定においては従来の仕組みを維持しつつ、更なる上乗せ評価を行う区分が新設され、下記の区分となりました。

---

1. キャリアパス要件
 ① 介護職員の職位、職責又は職務内容等に応じた任用要件と賃金体系を整備すること
 ② 資質向上のための計画を策定して研修の実施又は研修の機会を確保すること
2. 職場環境等要件
 H27.4以降新たに実施した賃金改善以外の処遇改善への取り組み

---

① 加算Ⅰ（新設）
　キャリアパス要件（①及び②）、及び職場環境等要件を満たす対象事業者
② 加算Ⅱ
　キャリアパス要件（①又は②）、かつ職場環境等要件を満たす対象事業者
③ 加算Ⅲ
　キャリアパス要件（①又は②）、又は職場環境等要件のいずれかを満たす対象事業者
④ 加算Ⅳ
　キャリアパス要件（①又は②）、職場環境等要件のいずれも満

たしていない対象事業者

　キャリアパス要件等は、単に賃金アップだけを目的とするものではなく、職位・職責・職務内容に応じた任用要件と賃金体系などを整備し、そのための研修の実施や研修機会の提供などによって、職員の「将来像が見えるキャリアデザイン」が出来るようにするものです。処遇改善加算の受給のためにキャリアパス要件を最低限満たそうとするのではなく、さらにその先の職員が活き活きと働ける職場作りのための要件でなければなりません。その策定・改定にあたっては、
・経営者、幹部職員等によりどのような制度とするかを十分に議論すること
・職員からの意見も積極的に聴取すること
・最初から完全な制度を求めずに段階的な取り組みも検討してみること
・キャリア段位制度（参照：第6章2）の活用も検討すること
・改革を恐れないこと
・外部専門家の活用も検討すること
などの心構えが必要です。

　なお、キャリアパスのモデルについては、下記の団体がその事例を掲示しています。ご参考にしてください。
① 　全国社会福祉施設経営者協議会
　　「介護保険事業を経営する社会福祉法人における職員のキャリアパスの構築にむけて 〜キャリアパスガイドライン〜」
② 　全国老人保健施設協会
　　「介護従事者のキャリアアップシステム導入・活用推進のた

めの事業報告書」
③　日本在宅介護協会
　「在宅介護サービス業における介護職員のキャリアパスモデル例等」
④　特定施設事業者連絡協議会
　「特定施設における雇用管理モデル・キャリアアップモデル（概要）」
⑤　日本生活協同組合連合会
　「在宅系介護職に求められるキャリアパス想定例」
⑥　日本慢性期医療協会
　「介護職員のキャリアパスモデル」

2 経営戦略における人事戦略の位置づけ

（1）経営戦略

　福祉・介護サービスの業務は、人間的で尊厳のある仕事であるとともに、高齢者の身体を扱うという点で技術的・専門的な仕事でもあり、次のような特徴を持ちます。
　㋐　社会性、有用性、公益性が高い
　㋑　職員の高い介護能力が求められる
　㋒　地域、家庭との密着が求められる
　㋓　医療との連携が必要となる
　㋔　時間帯によって業務の繁閑の差が大きくなる
　㋕　時間帯によっては多くの職員を確保する必要がある
　㋖　マーケット（市場）の将来性が期待できる
　このような中で、福祉・介護サービス事業者は、業界を取り巻く環境の下、いかなる「経営戦略」を構築しなければならないの

でしょうか。そして、その中での人事労務戦略はどうあるべきなのでしょうか。

　企業における活動目的は、自らが定めた経営理念を追求することにあります。そのためには人、モノ、金、情報、ブランドイメージ等の経営資源を経営環境に応じていかに効果的・効率的に運用するかが問われます。つまり、「顧客（利用者）」「職員（従業員）」「事業者」が三位一体とならなければ、成長発展は望めません。

① 　経営理念（使命・ミッション）
　社会性、有用性、公益性が高い福祉・介護サービス事業の経営理念は、利益追求型の一般企業の経営理念と異なるのは当然かもしれませんが、顧客である利用者とその家族の満足度の追求や提供するサービスの効率化を図るという点では同じです。また、「高齢者が尊厳を保ちながら健やかで安心して暮らせる地域社会づくりに貢献する」などという高邁な視点も必要でしょう。

② 　戦略ドメイン（分野・領域）の決定
　経営理念（使命・ミッション）が明確になったら、どの分野・領域で競合他社と競争するのかを決定しなければなりません。主戦場の決定であり、「選択と集中」が求められます。
　㋐　環境の変化をどのように捉えるか？
　㋑　自らの強み（競争優位）と弱みは何か？
　㋒　対象顧客は誰なのか？
　㋓　その対象顧客のニーズは何か？
　㋔　顧客のニーズにどのように応えるか？
　㋕　そのためにどのような仕組みを作るか？
等を考慮し、在宅サービスなのか、施設サービスなのか、通所サ

ービスなのか、あるいはそれぞれを複合的、有機的に展開するサービスなのかの主戦場を決めます。

その分析において役立つ手法が図表２－５のSWOT分析です。SWOT分析とは、組織ビジョンや戦略を企画立案する際に利用する現状分析手法の１つです。

ＳＷＯＴの意味は、Strength（強み）、Weakness（弱み）、Opportunity（機会）、Threat（脅威）の頭文字を取ったものです。さまざまな要素をＳ（強み）・Ｗ（弱み）・Ｏ（機会）・Ｔ（脅威）の４つに分類し、マトリックス表にまとめることにより、問題点が整理されます。その結果、解決策が見つけやすくなるという特徴があります。

SWOT分析には、２つの段階があります。第１段階では、事業所や組織を取り巻く経済状況、介護保険法等の改正動向、顧客（利用者）や競合他社との関係、予測されるビジネスチャンスな

図表 2-5　SWOT分析

		機会（Opportunity） 自法人にとって 有利な・安全な・役立つ 環境の変化は何か？	脅威（Threat） 自法人にとって 不利な・危険な・負担増となる 環境の変化は何か？
強み（Strength）	自法人が、他法人よりも優れた・勝てる・得意なところは何か？	積極的攻勢に出る ・迅速に行動し、緒戦に勝つ ・余剰資源をすべて注ぎ込む ・将来の「金のなる木」へ	差別化戦略をとる ・顧客価値を掘り下げる ・独自の品質を作り出す ・大義名分を掲げる
弱み（Weakness）	自法人が、他法人よりも劣る・負ける・苦手なところは何か？	弱みを改善する ・弱みの克服策を立てる ・社内で努力を継続する ・チャンスが来るまで待つ	撤退（放棄）する ・大騒ぎしない ・期限を設け、徐々に手を引く ・他社の侵食を黙認する

どの外部環境は、O（機会）とT（脅威）に分類します。また、S（強み）とW（弱み）に、事業所や組織の持つ人材、資金、技術、環境、情報、拠点などの内部要因をあてはめます。

　原則として、外部要因とは「その企業・組織だけでは変えることが不可能なもの」であり、主に次のことがあげられます。
　㋐　介護保険法その他の社会福祉関連法令の改正
　㋑　介護保険における報酬の改定
　㋒　国、都道府県、市町村行政の動向
　㋓　事業対象エリアの人口、年齢分布の動向
　㋔　事業対象エリアにおけるニーズの動向
　㋕　事業対象エリアにおける他法人の動向

　一方、内部要因とは「その組織内で改善することができるもの」であり、主に次のことがあげられます。
　㋐　事業所の施設および機能
　㋑　サービス内容とコストのバランス
　㋒　職員の能力、モチベーション
　㋓　地域との密着性
　㋔　営業力（利用者紹介のチャネル）
　㋕　ＩＴ化
　㋖　改善への仕組み
　㋗　財務体質

　第2段階では、外部要因の「機会」と内部要因の「強み」の2つの要因から「強みを活かす戦略」を導き出し、事業や組織の戦略策定や目標設定を行います。

③ 戦略マップの活用

バランス・スコアカード（BSC）とは、ビジョンと戦略を明確にし、それらを現場の職員１人ひとりにまで落とし込み、組織全員の結束力を強化し、自分たちの夢であるビジョンを実現しようとするマネジメント手法です。

バランス・スコアカード（BSC）は、図表２－６の通り、「財務の視点」、「顧客の視点」、「業務プロセスの視点」、「人材と変革の視点」の４つの視点から戦略目標を分析するところに特徴があります。事業所が存続し発展するための行動には、

㋐　財務目標を達成すること
㋑　ビジョンと戦略に沿って顧客満足度を向上させること
㋒　所内の業務プロセスを改善すること
㋓　職員満足度を向上させること

図表 2-6　バランス・スコアカードの4つの視点

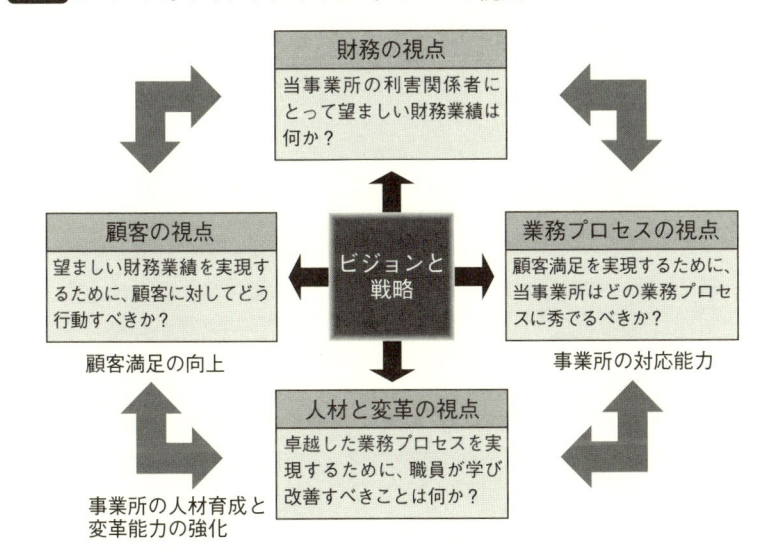

```
                    ┌─────────────────┐
                    │   財務の視点     │
                    │ 当事業所の利害関係者に │
                    │ とって望ましい財務業績は │
                    │      何か？      │
                    └─────────────────┘
                            ↑
┌─────────────────┐   ┌─────────┐   ┌─────────────────┐
│   顧客の視点     │   │         │   │ 業務プロセスの視点 │
│ 望ましい財務業績を実現 │←→│ ビジョンと │←→│ 顧客満足を実現するために、│
│ するために、顧客に対してどう │   │  戦略   │   │ 当事業所はどの業務プロセ │
│ 行動すべきか？    │   │         │   │ スに秀でるべきか？  │
└─────────────────┘   └─────────┘   └─────────────────┘
   顧客満足の向上              ↓              事業所の対応能力
                    ┌─────────────────┐
                    │  人材と変革の視点  │
                    │ 卓越した業務プロセスを実 │
                    │ 現するために、職員が学び │
                    │ 改善すべきことは何か？  │
                    └─────────────────┘
                  事業所の人材育成と
                  変革能力の強化
```

の因果関係でとらえた考え方が必要です。
　「バランス・スコアカード経営」を成功させるための原則は、
- ㋐　戦略を現場で実行可能な言葉に翻訳する。(暗黙知の表出化)
- ㋑　戦略に向かって、組織全体を方向づける。(タテの因果関係)
- ㋒　戦略をすべての職員の日常業務に落とし込む。(ヨコの因果関係)
- ㋓　戦略を継続的な業績管理プロセスの中に組み込む。(形式知の統合化)
- ㋔　経営トップのリーダシップにより変革を促す。(形式知の内面化)

の５つです。
　その事例として図表２－７の通り、「恩賜財団東京同胞援護会ひかり苑」が作成したBSC・戦略マップ(出典：ミズコミュニティ編集部『先進事例に学ぶ介護事業の経営革新術』ヒューマン・ヘルスケア・システム)を掲示します。

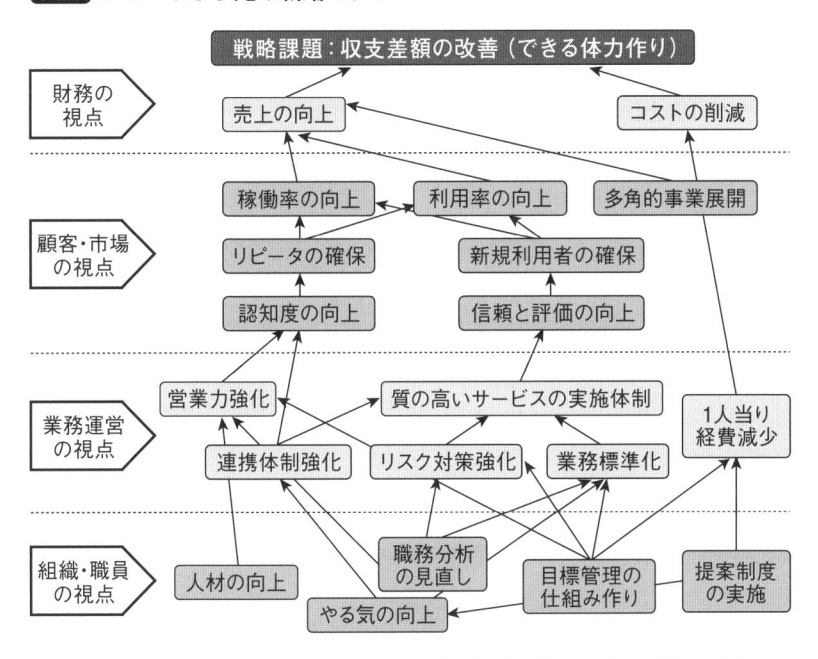

図表 2-7　ひかり苑の戦略マップ

```
                    戦略課題：収支差額の改善（できる体力作り）
財務の
視点        売上の向上                              コストの削減

            稼働率の向上    利用率の向上    多角的事業展開
顧客・市場
の視点      リピータの確保   新規利用者の確保

            認知度の向上    信頼と評価の向上

            営業力強化      質の高いサービスの実施体制    1人当り
業務運営                                                  経費減少
の視点      連携体制強化  リスク対策強化  業務標準化

                            職務分析
組織・職員                   の見直し                     提案制度
の視点      人材の向上                   目標管理の        の実施
                        やる気の向上    仕組み作り
```

出典：『先進事例に学ぶ介護事業の経営革新術』より

(2) 人事戦略

　経営者の想いや志である経営理念（使命・ミッション）は、経営者だけでは追求できません。経営理念を理解し、共鳴し、共有してくれる職員の存在が必要不可欠です。まずは素質のある人材を確保し、確保した職員に対していかにその経営理念を浸透させるか、その浸透度が今後の経営を大きく左右することになります。

　福祉・介護サービス業における経営活動はまさに「人」によって行われることから、職員という人的資産、人的資源を事業所が置かれた経営環境に応じて効果的・効率的に組織化し、マネジメ

ントする人事戦略が経営戦略の中で重要な位置を占めるべきです。しかし、現状では人事戦略が「労務管理」にとどまっているようにも見受けられます。労務管理とは、現場で起こりうる諸問題への対応であり、人事戦略の一部として捉えるべきものです。

図表2-8は、人事戦略のサイクルです。「業績の向上」すなわち経営理念の達成のためには「顧客満足度（CS）の向上」が必要です。そのためには、マーケティング戦略に基づく組織の構築が求められます。そして、組織を構成する「職員満足度（ES）の向上」、特にモチベーションの向上を重視しなければなりません。また、事業所の求めるものと職員が求めるものとを調整する必要があります。そのためには、「適正な人件費の管理」と職員の能力に応じた、働きやすい、そして働きがいのある「職場環境の整備」が求められるわけです。

図表 2-8　人事戦略のサイクル

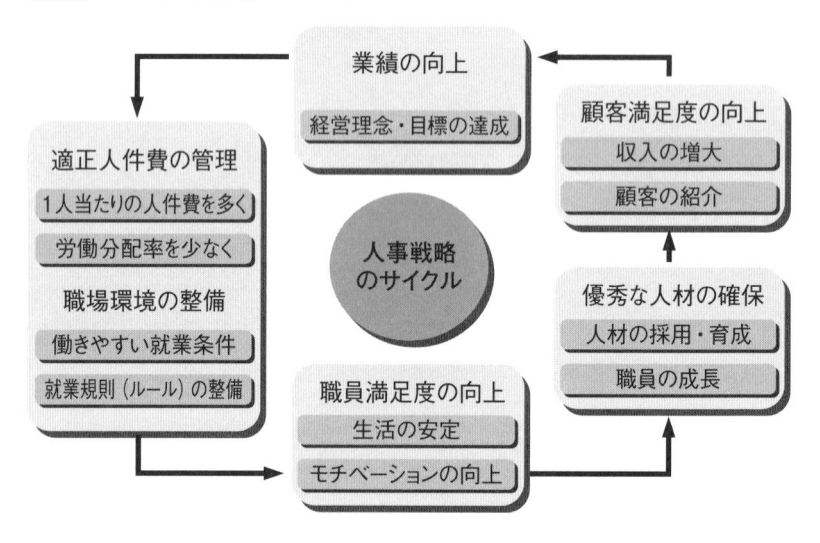

```
                     業績の向上
                   経営理念・目標の達成
                                          顧客満足度の向上
   適正人件費の管理                          収入の増大
   1人当たりの人件費を多く                    顧客の紹介
   労働分配率を少なく
                       人事戦略
   職場環境の整備        のサイクル
   働きやすい就業条件                        優秀な人材の確保
   就業規則（ルール）の整備                   人材の採用・育成
                                          職員の成長
                     職員満足度の向上
                       生活の安定
                     モチベーションの向上
```

第3章

雇用管理
－採用から退職までのトラブル防止

雇用管理とは、採用という入口から退職（解雇を含む）という出口までのマネジメントをいいます。雇用形態に応じた素質のある人材を採用し、その人材が成長し持てる能力を最大限に発揮してもらうことが雇用管理における最重要課題です。今後、福祉・介護サービス事業の人手不足、求人難はさらに深刻さを増すことになるでしょう。そのような中では、採用もさることながら離職率を抑えることも重要となります。せっかく多額な費用をかけて採用、育成した職員を退職させてしまうことは大きな損失です。職員の定着も雇用管理の課題の１つです。

　人材の流動化や雇用形態の多様化が進む労働市場の変化の中では、従来の常用の職員である正規職員（以下、正職員）だけではなく、非正規職員（コンティンジェント・ワーカー）であるパート職員、契約職員、派遣職員などといった形態の中から、取り組む福祉・介護サービスの分野に応じた最良の雇用形態を選択し、雇用のミスマッチを防がなければなりません。

　また、最近では福祉・介護サービス事業に就く労働者といえども職場トラブルを起こす職員が増え、労務訴訟件数も増加しています。解雇を含めた問題職員への対処も雇用管理の課題の１つです。

1 労働者と使用者

　労働契約の当事者は、労働者と使用者です。労働基準法（以下、労基法）ではそれぞれを以下のように定義しています。

(1) 労働者
　労働者とは、
　㋐　職業の種類を問わず
　㋑　事業または事業所で
　㋒　使用者の指揮・命令の下に働き
　㋓　その対価として賃金を受ける者
をいいます。最近では、「請負」、「委任」、「委託」等いろいろな呼称での労働提供の形態がありますが、労働者に該当するかどうかは契約の名称や事業場における呼称にかかわらず、使用者の指揮・命令下の労働であるかの「使用従属性」の実態に即して判断されます。たとえば、訪問介護ヘルパーの方が「登録型ヘルパー」などと呼ばれていても、使用従属性がある場合には、労基法上の労働者に該当します。

　その中で介護労働者とは、「身体上又は精神上の障害があって日常生活を営むのに支障がある者に対し、入浴、排せつ、食事等の介護、機能訓練、看護及び療養上の管理その他のその者の能力に応じ自立した日常生活を営むことができるようにするための福祉サービスや保健医療サービス業務に従事する医師、看護師、薬剤師、理学療法士、作業療法士、ホームヘルパー、ケアワーカー等」と定義されています。

(2) 使用者

使用者とは、

㋐ 事業主（法人自体または個人事業主）
㋑ 事業の経営担当者（企業経営一般について責任を負う者）
㋒ 事業の労働者に関する事項について事業主のために行為する者（人事・労務管理等について権限を与えられている者）

をいいます。

2 雇用形態の多様化

(1) 雇用形態の種類

雇用形態の種類について労働法規上での明確な定義、分類はありませんが、本書では図表3－1のように分類します。

図表 3-1　雇用形態の分類

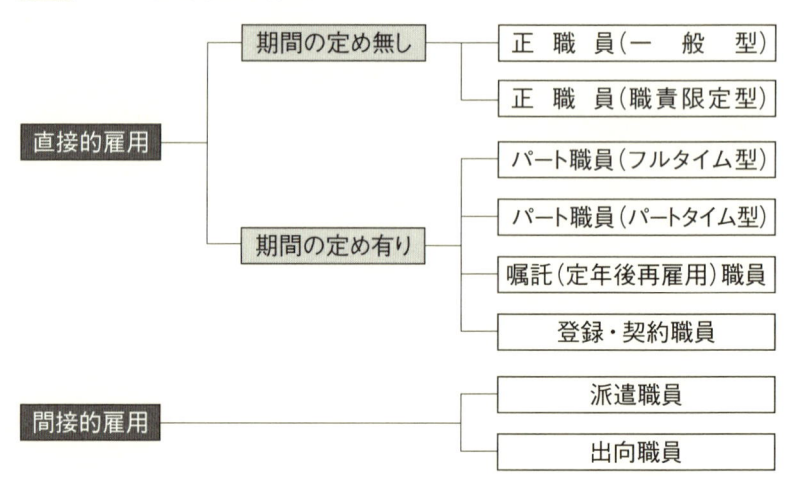

```
                          ┌─ 期間の定め無し ─┬─ 正職員（一　般　型）
                          │                 └─ 正職員（職責限定型）
         直接的雇用 ──────┤
                          │                 ┌─ パート職員（フルタイム型）
                          │                 ├─ パート職員（パートタイム型）
                          └─ 期間の定め有り ─┤
                                            ├─ 嘱託（定年後再雇用）職員
                                            └─ 登録・契約職員

         間接的雇用 ──────┬─ 派遣職員
                          └─ 出向職員
```

なお、「アルバイト」という表現も使われますが、通常、アルバイトとは一般の昼間学生で、学業のかたわらに一定期間や一時的に雇用される者をいいます。

(2) 正職員

　一般的には、雇用期間の定めがない長期雇用（原則として定年まで）を前提とした待遇を受ける者をいいます。一般型正職員とそれ以外の職員との相違は、
　㋐　1週間又は1日の所定労働時間以上で就業できるか
　㋑　転勤などの人事異動をともなうか
　㋒　トラブル発生時や緊急事態への対応が求められるか
　㋓　成果に対する責任を有するか
　㋔　使用者の懲戒権を受けるか
等の職務内容とその職責への実態から判断します。それぞれに事業所、事業体によって正職員の定義は異なります。しかしながら、事業所のコア・コンピタンス（競合他事業所との競争優位）を生み出す仕事であり、日常的、平常的に発生する通常業務こそが正職員の仕事といえます。コア・コンピタンスを生み出さない仕事や繁閑のある仕事、あるいは1つの業務に特化する仕事については、非正規職員に任せることや税理士事務所、社会保険労務士事務所等に外部委託（アウトソーシング）することを積極的に考えるべきでしょう。

(3) パート職員

　正職員同様に「パート職員」の定義もありません。それぞれの事業所や事業体では「パート」と称しますが、その解釈は異なるのが実情です。本書では、雇用期間の定めのある（有期雇用）フ

ルタイム型とパートタイム型の職員を「パート職員」といいます。
　労働者のライフスタイルが多様化するとともに雇用形態もそれに応じて多様化してきました。
　労働者がパート職員での就業を希望する理由は、
　㋐　被扶養者として家計の補助的収入に止めたいこと
　㋑　自分の都合のよい時間に働きたいこと
　㋒　気楽に社会と関わる仕事がしたいこと
　㋓　家庭の事情（家事・育児・介護等）や他の活動（趣味・学習等）と両立したいこと
などの様々な理由が絡み合います。効率的な事業運営と流動的な労働力の確保が求められる福祉・介護サービスの事業所にとっては、パート職員は貴重な人材であり、貴重な戦力です。パート職員においても、責任の重い仕事、指導的な仕事に携わり自らのキャリアアップを図りたい職員と責任の軽い仕事を気軽に続けたい職員とに区分できます。その区分ごとの対応を検討する必要もあります。

(4) 嘱託職員（定年後再雇用職員）

　定年退職者等を一定期間再雇用することで正職員に準ずる立場で業務に従事する職員をいいます。
　「高年齢者雇用安定法」では、
　㋐　定年を定める場合には、60歳を下回らないこと
　㋑　65歳未満定年を定めている場合は、次のいずれかの措置を講ずること
　　・定年の引き上げ
　　・継続雇用制度の導入
　　・定年の廃止

と定められています。なお、この措置義務は、
  ㋐ 使用者の制度を設ける義務であって、個々の労働者を雇用する義務ではないこと
  ㋑ 継続雇用時の労働条件を規制するものではなく、使用者の合理的な裁量の範囲で労働条件を設定可能であること
に留意が必要です。

60歳で一旦定年退職後に継続雇用する場合は、業務内容とその期待する成果を明確にすることがポイントです。豊富な経験と確かなノウハウが蓄積された、体力的にも元気な高齢者の活用はパート職員の活用と同様に重要な課題です。

(5) 登録・契約職員

使用者との間で、雇用期間、賃金、就業時間、勤務形態、業務内容等を個別に契約する労働者を指します。具体的には、雇用期間の定めがあり予め決められた勤務表により週単位、数日単位で非定型的な労働日、労働時間が確定する職員、または雇用期間の定めがあり特定の職種に従事し専門的な能力の発揮を目的として契約する職員などをいいます。

利用者からの申し込み状況によって業務量が大きく左右される訪問介護サービスの事業所においては、「登録型ヘルパー」と称する登録職員の就労があります。登録職員には、
  ㋐ 所定労働日・労働時間を予め決めることができない
  ㋑ 就労場所が頻繁に変わり、管理者の指揮命令のおよぶ範囲が必ずしも明確でない
  ㋒ 移動時間、待機時間等の間接的業務を除かれた実サービス提供時間に対してのみ賃金が支払われる
等の特徴があります。実態として基幹的な人材として就労してい

るにもかかわらず、「登録すること ＝ 労働者として雇用したことにはならない」という雇用契約関係上の曖昧さから、能力開発や福利厚生、社会保険の適用、競業禁止義務等も問題となっています。

福祉・介護サービスの事業においては、業務委託契約を取り交わす契約職員を採用するケースが少なからずあります。契約職員かどうかの判断は使用従属性に求めています。

使用従属性の判断基準
- ㋐ 仕事の依頼や業務従事の指示を断ることができる
- ㋑ 仕事を進める上で、具体的な内容や方法の指示はない
- ㋒ 進捗状況の報告義務や勤務時間の管理はない
- ㋓ 代わりの者に業務を行わせることができる
- ㋔ 報酬が時間、日、月を単位の労務ではなく業務の成果によって支払われている
- ㋕ 報酬は他の一般職員よりも高めである
- ㋖ 報酬に生活給的要素がない
- ㋗ 他社の業務を行うことができる　等

「事業所と職員」という雇用契約ではなく、「事業所と個人事業者」という請負契約の関係です。契約職員のメリットとしては、自律的なキャリア形成ができるとともに自分らしい働き方、仕事を選ぶことができます。また、事業所のメリットとしては、社会保険料の負担増から逃れられるとともに正職員を雇用するさまざまなリスクを回避することができます。

(6) 派遣職員

「労働者派遣法」に基づく派遣元事業所から派遣されて業務に従事している者をいいます。人材派遣業者と契約を結ぶことによって派遣される労働者です。原則として派遣元が使用者としての責任を負います。一方、派遣先の事業所では、労働時間など派遣契約で定められた就業条件を遵守することや、安全衛生などにおける使用者としての責任を負います。また、平成27年4月1日以降は派遣元、派遣先の事業主の双方において、派遣労働者の均衡待遇確保のための取り組みが強化されました（さらなる改正法が検討されています）。福祉・介護サービス関連事業においては、職員が育児休業を取得してから復職するまでの期間など、一時的に労働力が不足する時などに利用されることが一般的です。

(7) 出向職員

他企業・事業所より出向契約に基づき出向して業務に従事している者をいいます。一般的に、福祉・介護サービス事業所は出向先であり、出向元になるケースは少ないと思われます。出向にも移籍出向と在籍出向とがあります。使用責任は、移籍出向では出向先が、在籍出向については出向元が持つことになります。なお、受け入れた出向者に対しては前述の派遣職員と同様の配慮が必要です。

(8) パート職員の雇用管理上の留意点

パート職員における労働保険（労働者災害補償保険、雇用保険）、社会保険（健康保険、厚生年金保険）の留意点については、第7章の福利厚生をご参照ください。

① **所得税法における留意点**

　㋐　130万円の壁

　現行法制では、夫の被扶養者であるパート職員において年間給与収入（通勤費などの非課税収入も含む）が130万円を超えると、健康保険・介護保険や厚生年金保険などにおいて夫の扶養から外れ、パート職員である妻自身が被保険者として保険料を払わなければなりません（2016年10月以降は、週20時間以上の労働時間・年収106万円以上、企業規模501人以上の会社で働く者）。これによって、保険料の負担額が増大することとなります。また、夫の事業所で家族手当が支給されている場合には、その手当もカットされる可能性があります。

　これを「130万円の壁」と称しています。これらの社会保険料等の負担増が、パート職員を正職員に登用しづらくしている一因でもあり、また、パート職員が年末に労働時間の調整を図りたがる一因でもあります。

　㋑　103万円の壁

　現行所得税法では、年間給与収入が103万円までなら、そこから給与所得控除65万円と基礎控除38万円を差し引くことができます。したがって、パート職員である妻の年間給与収入が103万円以下ならば、妻の所得税は非課税となり、夫の所得から配偶者控除の38万円を控除することができます。

　また、夫の所得が1,000万円以下でありパート職員である妻の年間給与収入が103万円を超え141万円までの場合においては、夫の所得から配偶者特別控除として調整された一定の額を控除することができます。これを「103万円の壁」と称しています。

② パートタイム労働法における留意点

　パートタイム労働法において、「パートタイム労働者とは、名称の如何に関わらず1週間の所定労働時間が通常の労働者の1週間の所定労働時間に比べて短い労働者」と定義されています。たとえば、正職員の1週間の所定労働時間が40時間の場合は、40時間未満で就業する職員を指します。その定義だけを見れば、フルタイムで働くパート労働者は該当しないのですが、その人たちにも、指針によりパートタイム労働法の趣旨が考慮されるべきものとされています。

　平成27年4月1日施行の「改正パートタイム労働法」では、「通常の労働者（正職員）と同視すべき短時間労働者（パートタイム労働者）」の範囲を、

　㋐　職務の内容（業務内容とそれにともなう責任の程度）が正職員と同一であること
　㋑　人材活用の仕組み（人事異動等の有無など）が正職員と同一であること

の2点だけとしました。

　「通常の労働者（正職員）と同視すべき短時間労働者（パートタイム労働者）」においては、正職員との待遇（賃金・教育訓練・福利厚生）の差別的取扱いを禁止しています。また、短時間労働者（パートタイム労働者）の待遇と通常の労働者（正職員）の待遇との相違は、職務の内容、人材活用の仕組みなどの事情を考慮して不合理であってはならないとされました。図3－2がその内容をまとめたものです。

　また、一般型正職員とパート職員との職務の内容（業務内容とそれにともなう責任の程度）をまとめてみた事例が図表3－3です。

図表 3-2　パートタイム労働法におけるパート職員と正職員の態様比較

パート労働者の態様	正職員との比較		賃金の決定		教育訓練の実施		福利厚生施設の利用	
			職務関連賃金 ・基本給 ・賞与 ・役付手当	左記以外の賃金 ・退職手当 ・家族手当 ・通勤手当等	職務遂行に必要な能力を付与するもの	左記以外のもの（キャリアアップの訓練等）	・給食施設 ・休憩室 ・更衣室	左記以外のもの（慶弔休暇等）
正職員と同視すべき短時間労働者	職務内容・責任	同じ	◎	◎	◎	◎	◎	◎
	人材活用の運用等	全雇用期間で同じ						
正職員と職務内容が同じ短時間労働者	職務内容・責任	同じ	△	―	○	△	●	―
	人材活用の運用等	異なる						
正職員と職務内容も異なる短時間労働者	職務内容・責任	異なる	△	―	△	△	●	―
	人材活用の運用等	異なる						

◎…パートタイマー労働者であることによる差別的取扱いの禁止
○…実施義務
●…配慮義務
△…職務の内容、成果、意欲、能力、経験等を勘案する努力義務

図表 3-3　職務内容・責任の比較

業務内容	一般型正職員	パート職員
苦情対応	何らかの形で携わる	携わらない
緊急呼び出し	呼び出しへの対応を命ずる	命じない
日報等の報告義務	提出を義務づける	同左
機密情報	法人情報、個人情報とも取り扱う	個人情報は取り扱う
管理する部下	必要に応じて持つ	原則として持たない
決裁権限の範囲	役職に応じて持つ	原則として持たない
委員会活動	積極的な参加	任意での参加
勉強会への参加	必要に応じて命ずる	同左
採用プロセス	筆記及び面接	同左
採用の目的	コア人材として	臨時的、補助的業務担当者として
転勤 （勤務地の変更）	命ずる（拒否できない）	命じない
配置転換 （職務の変更）	命ずる（拒否できない）	本人の希望を確認する（拒否できない）

出向	命ずる（意思を確認する）	命じない
時間外労働・休日労働	命ずる（拒否できない）	事前に通知する（拒否できない）
人事評価	実施する	同左
兼業の許可	原則として認めない	届け出により許可することがある
雇用期間	定めなし	定めあり
更新の手順	特段なし	1か月前に面談
雇い止め	なし	更新の都度判断

③ 労働契約法における留意点

「パートタイム労働法」では1週間の所定労働時間を見ますが、「労働契約法」では、雇用期間の定め、即ち無期労働契約か有期労働契約かを見ます。この労働契約法においては以下の留意点があります。

㋐ 平成25年4月1日以降に開始する有期労働契約が、通算5年を超えて反復更新され、かつ労働者が申し出た場合、雇用期間の定めのない無期労働契約に転換しなければならない（図表3−4参照）。

㋑ 雇止め（使用者が労働契約の更新を拒否すること）において、
・過去に反復更新された有期労働契約でその雇止めが無期労働契約の解雇と社会通念上同視できるもの
・労働者において有期労働契約の期間満了時に契約が更新されると期待することについて合理的理由があるもので、「客観的・合理的理由を欠き、社会通念上相当であると認められないとき」
は、使用者は労働者を雇止めることはできない。

㋒ 雇用期間の定めがあるなしにより、不合理に労働条件を相

違させることはできない。

④ その他の留意点

パート職員を常時10名以上雇用する使用者は、「短時間雇用管理者」を選任する努力義務が課されています。その職務は、次の通りです。

㋐ 労働時間・賃金等適正な労働条件の確保、及び教育訓練・福利厚生等の雇用管理の改善等指針に定められている事項等について必要な措置を検討し、実施すること
㋑ パート職員の職業生活について相談に応じること
㋒ パート職員の雇用管理の改善について関係行政機関との連絡に関すること

選任する短時間雇用管理者は、施設長、事務長が兼務しても構

図表 3-4 有期労働契約の適正利用（無期労働契約への転換）のイメージ

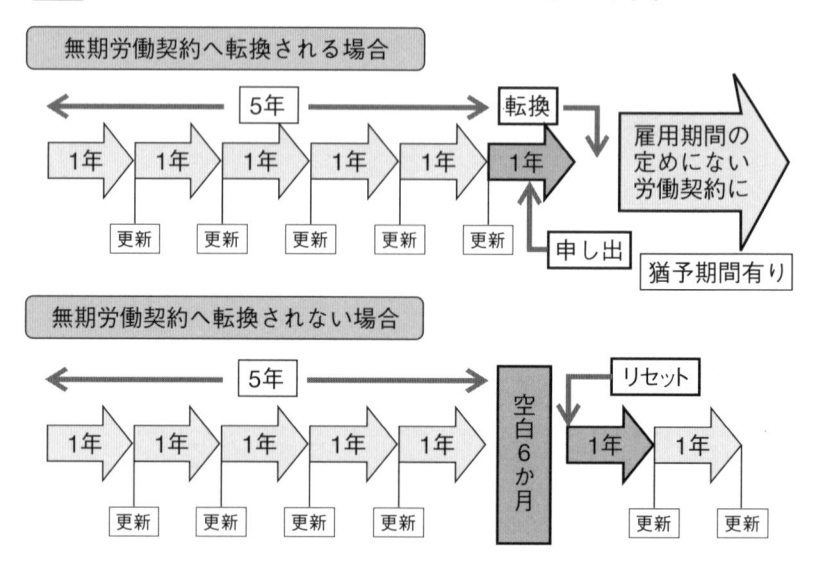

(9) 雇用のポートフォリオ

縦軸に職務遂行能力、横軸に労働時間を取ると図表3-5のようなイメージのポートフォリオとなります。

いかに業務に応じた雇用形態を採用するか、いかに適正な人員配置をするか、また事業所の経営環境と照らし合わせ、いかにコア・コンピタンス（競合他事業所との競争優位）となる業務に正職員を投入するかが雇用管理におけるポイントです。

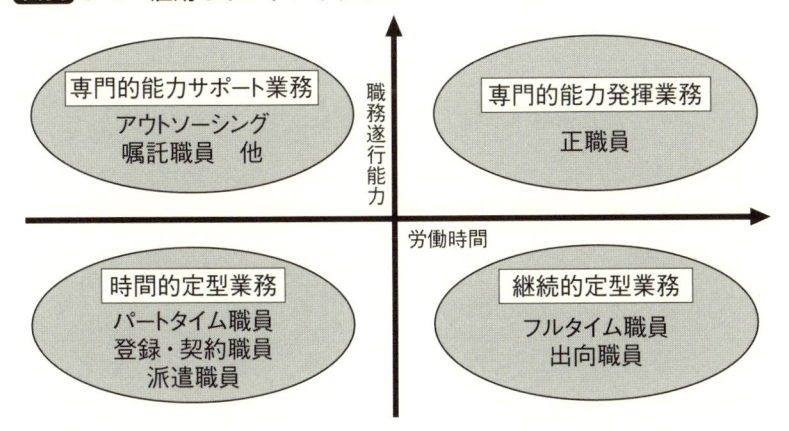

図表 3-5　雇用のポートフォリオ

（第2象限）専門的能力サポート業務　アウトソーシング　嘱託職員　他

（第1象限）専門的能力発揮業務　正職員

（第3象限）時間的定型業務　パートタイム職員　登録・契約職員　派遣職員

（第4象限）継続的定型業務　フルタイム職員　出向職員

縦軸：職務遂行能力／横軸：労働時間

3 雇用の現況

　㈶介護労働安定センターが行った『平成25年度介護労働実態調査』（平成26年8月11日発表）から見る雇用の現況は以下の通りです。

① 労働者の性別
　図表3－6の通り、女性の割合は77.9％で、平成20年度の82.2％と比べ4.3ポイントダウン。男性の進出も見てとれますが、まだまだ女性中心の職場といえることから育児休業、介護休業など女性が働き易い職場環境作りが求められます。

② 労働者の年齢
　平均年齢は45.6歳と平成20年度と比べ1.2ポイントアップしました。図表3－7の通り、40歳代が最も多く、次いで50歳代、30歳代と続きます。男性では20歳代が最も多く、女性では40歳代が最も多い状況です。

③ 勤続年数
　平均勤続年数は4.7年。平成20年度の調査と比べて0.3ポイントアップしました。図表3－8の通り、5年以上10年未満の者が24.7％と最も多い状況です。

④ 就業形態
　平成25年度と平成20年度を比較した図表が図表3－9です。平成20年度と比較して正社員の割合が低下しています。

⑤ 介護労働者の保有する資格
　図表3－10の通りです。

第3章 雇用管理－採用から退職までのトラブル防止

図表 3-6 性別

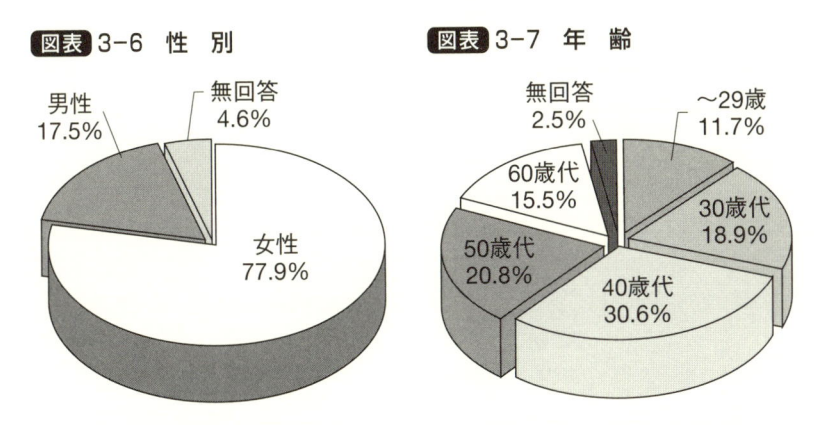

- 男性 17.5%
- 無回答 4.6%
- 女性 77.9%

図表 3-7 年齢

- 無回答 2.5%
- ～29歳 11.7%
- 30歳代 18.9%
- 40歳代 30.6%
- 50歳代 20.8%
- 60歳代 15.5%

出典：介護労働実態調査

図表 3-8 勤続年数

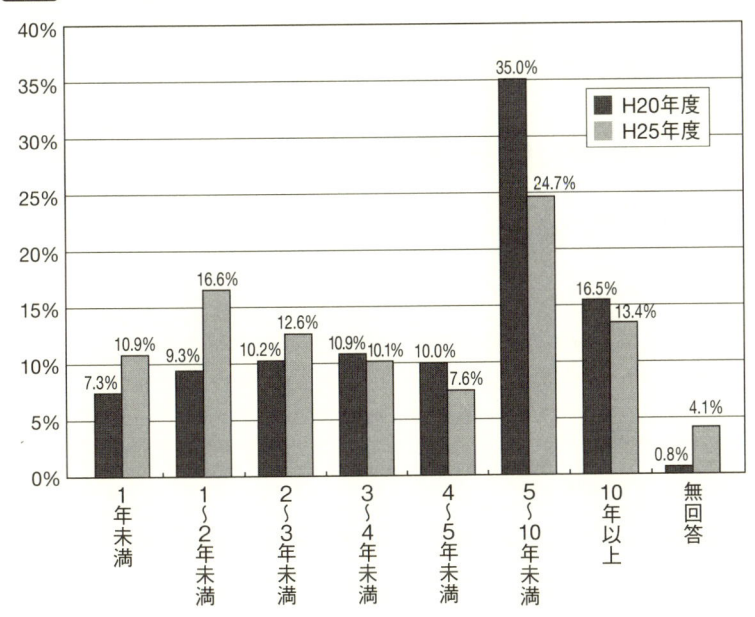

勤続年数	H20年度	H25年度
1年未満	7.3%	10.9%
1～2年未満	9.3%	16.6%
2～3年未満	10.2%	12.6%
3～4年未満	10.9%	10.1%
4～5年未満	10.0%	7.6%
5～10年未満	35.0%	24.7%
10年以上	16.5%	13.4%
無回答	0.8%	4.1%

出典：介護労働実態調査

図表 3-9　就業形態

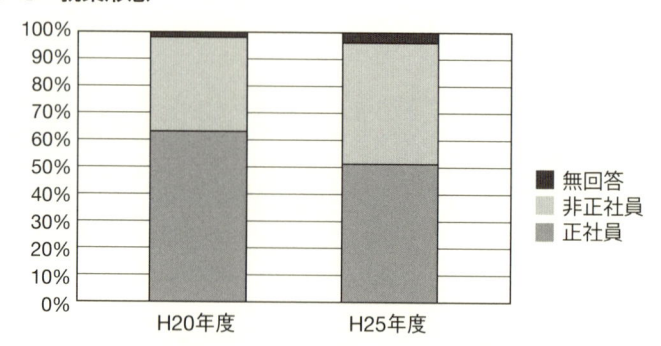

出典：介護労働実態調査

図表 3-10　資格の保有状況（複数回答）

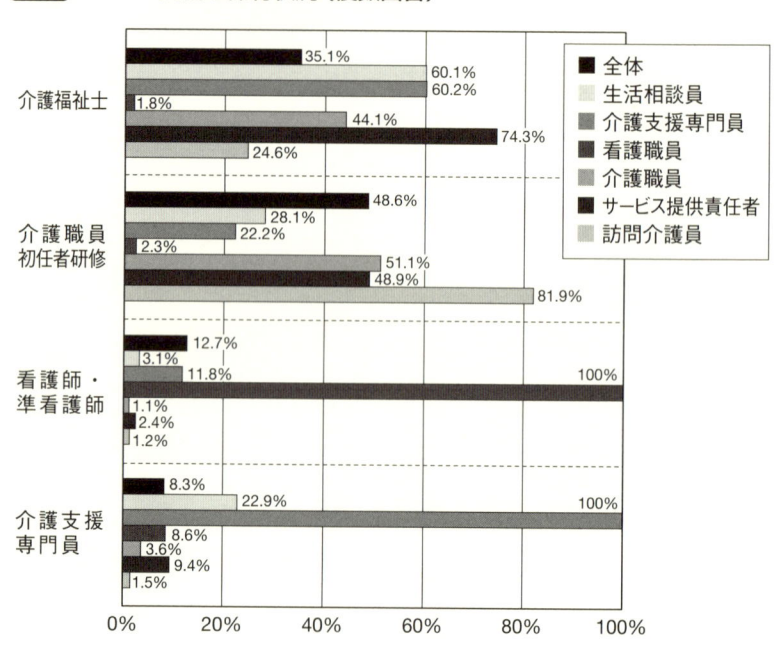

介護福祉士
- 全体: 35.1%
- 生活相談員: 60.1%
- 介護支援専門員: 60.2%
- 看護職員: 1.8%
- 介護職員: 44.1%
- サービス提供責任者: 74.3%
- 訪問介護員: 24.6%

介護職員初任者研修
- 全体: 48.6%
- 生活相談員: 28.1%
- 介護支援専門員: 22.2%
- 看護職員: 2.3%
- 介護職員: 51.1%
- サービス提供責任者: 48.9%
- 訪問介護員: 81.9%

看護師・準看護師
- 全体: 12.7%
- 生活相談員: 3.1%
- 介護支援専門員: 11.8%
- 看護職員: 100%
- 介護職員: 1.1%
- サービス提供責任者: 2.4%
- 訪問介護員: 1.2%

介護支援専門員
- 全体: 8.3%
- 生活相談員: 22.9%
- 介護支援専門員: 100%
- 看護職員: 8.6%
- 介護職員: 3.6%
- サービス提供責任者: 9.4%
- 訪問介護員: 1.5%

出典：介護労働実態調査

⑥ 採用率と離職率

　図表3-11、12の通り、1年間（平成24年10月1日〜25年9月30日）の採用率、離職率を見れば、全体の採用率は21.7％、離職率は16.6％ですが、双方とも介護職員（非正規職員）が高い現況です。

　また、図表3-13の通り、事業所規模別に見ると規模の小さい事業所ほど高いことが窺えます。

図表 3-11　就業形態別1年間の採用率

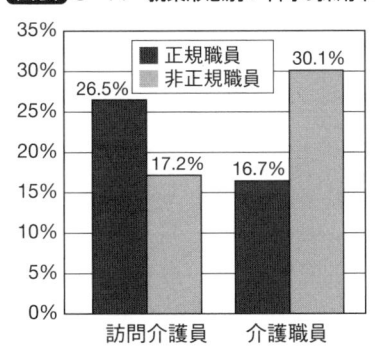

就業形態	訪問介護員	介護職員
正規職員	26.5%	16.7%
非正規職員	17.2%	30.1%

図表 3-12　就業形態別1年間の離職率

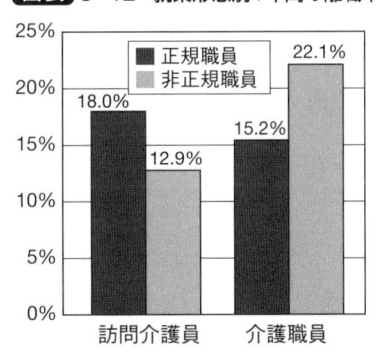

就業形態	訪問介護員	介護職員
正規職員	18.0%	15.2%
非正規職員	12.9%	22.1%

出典：介護労働実態調査

図表 3-13　事業所規模別の離職率

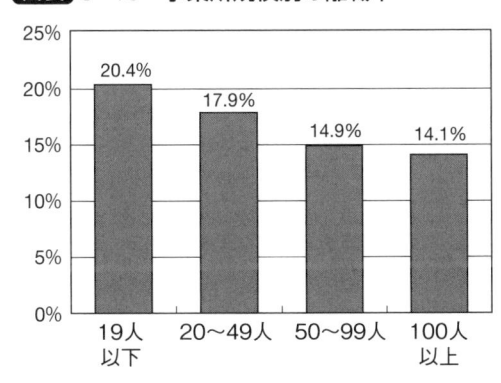

規模	離職率
19人以下	20.4%
20〜49人	17.9%
50〜99人	14.9%
100人以上	14.1%

出典：介護労働実態調査

次に図表3-14の通り、勤続年数別で見てみると、離職者のうち勤続3年未満が73.2％、うち1年未満が39.2％でした。福祉・介護サービスは、「理想」と「現実」とに大きなリアリティギャップがある業務ともいえます。福祉関係の学校を卒業し夢と理想に燃えて入社した方々も、現実を目の当たりにすることで、自信を喪失して早期に退職するケースも多い現状のようです。

⑦ 雇用管理責任者の選任状況

厚労省の告示「介護雇用管理改善等計画」によって、雇用管理責任者の選任・明示が重要であるとされています。その選任状況は図表3-15の通りです。

図表 3-14 勤続年数別の離職率

	1年未満	1～3年未満
全体	39.2%	34.0%
介護職員（正職員）	33.3%	35.7%
介護職員（非正規職員）	48.2%	30.4%
訪問介護員（正規職員）	41.8%	39.2%
訪問介護員（非正規正職員）	34.8%	34.9%

出典：介護労働実態調査

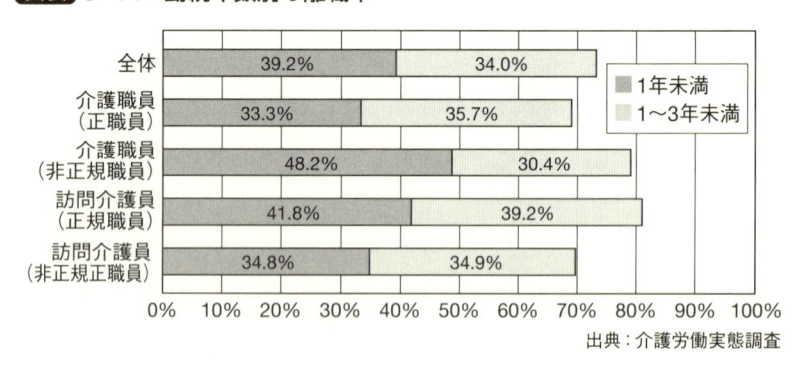

図表 3-15 雇用管理責任者の選任

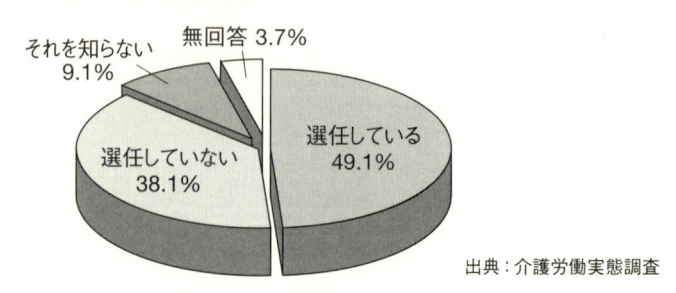

- 選任している 49.1%
- 選任していない 38.1%
- それを知らない 9.1%
- 無回答 3.7%

出典：介護労働実態調査

4 労働条件

(1) 労働条件の内容

労基法第1条では、憲法第25条第1項の「すべての国民は、健康で文化的な最低限度の生活を営む権利を有する」の規定を受けて、「労働条件は、労働者が人たるに値する生活を営むための必要を充たすべきものでなければならない」と宣言しています。労基法で定める基準は、あくまで最低の基準であって、この基準を理由として労働条件を引き下げることはできず、労使一体となって労働条件をより一層向上させることが求められています。

① 労働条件の決定

労働条件は、労働者と使用者が対等な立場で決定すべきものです。
しかし、両者が就業規則の内容と異なる労働条件を個別に合意したとしても「就業規則に定める基準に達しない労働条件を定める労働契約は、その部分については無効」となります。また、就業規則は、法令または当該事業場に適用される労働協約に反することはできず、当然ながら労基法等の法規・法令に反することはできません。
したがって、その効力の順位は、

> 労働法規・法令 ＞ 労働協約 ＞ 就業規則 ＞ 労働契約

となります。
ただし、労働協約の場合は、たとえ労働契約の定めた内容のほうが労働者に有利であっても労働協約の効力が優先しますが、就業規則の場合は、就業規則が定める基準に達しない労働条件を定めた労働契約を無効にするのみで、基準を上回る部分については

無効にしないという注意点があります。具体例でいえば、「1日10時間勤務の日給10,000円」という契約は、1日10時間は違法であり無効となることから、「1日8時間」に、しかしながら、日給10,000円については、最低賃金法にも抵触することがないため日給8,000円となるのではなく「1日8時間勤務の日給10,000円」となります。

② 均等待遇の原則
　賃金、労働時間その他の労働条件は、
　㋐　国籍
　㋑　信条
　㋒　社会的身分
を理由として差別的な取り扱いをしてはなりません。
　なお、労働組合員であることへの差別は「労働組合法」において、性別を理由とすることへの差別は「男女雇用機会均等法」において禁止されています。

③ 公民権行使の保障
　使用者は、労働者が公民としての権利の行使、または公の職務の執行に必要な時間を請求した場合には、それに対する必要な時間を与えなければなりません。「裁判員制度」の裁判員もこれに該当します。

④ 強制労働の禁止
　使用者は、暴行、脅迫、監禁、その他精神または身体の自由を不当に拘束する手段によって、労働者の意思に反して労働を強制することはできません。

これには、長期労働契約、前借金契約なども含まれると解釈されています。

⑤ 中間搾取の排除
何人も「職業安定法」等の法律に基づいて許される場合を除き、業として他人の就業に介入して利益を得てはなりません。
使用者と労働者との間に第三者が介在して、労働関係の開始や労働関係の存続に関与して一定の手当を受けることなどがこれに該当します。

⑥ 損害賠償額予定の禁止
労働契約の不履行において、違約金を定め、または損害賠償額を予定する契約をしてはなりません。
禁止しているのは、労働契約の不履行における損害の有無や額にかかわらず、一定の金額を予め定めている場合であって、実際の損害額に応じて損害賠償を請求することについては認められています。

⑦ 前借金相殺の禁止
使用者は、前借金その他労働することを条件とする前貸しの債権と賃金とを相殺してはなりません。
たとえば、介護福祉士、看護師等の資格を取得するための通学費用などを使用者が肩代わりし、労働者が将来得る賃金から差し引くことによってその分の弁済を約することは、労働者の身分的拘束を伴うと判断されます。この場合には、使用者と労働者との間で、金銭貸借契約を結ぶことによって、前借金の返済と賃金の支払いを別々に処理するようにします。

⑧ 強制貯蓄の禁止

使用者は、労働契約に付随して貯蓄の契約をさせ、または貯蓄金を管理する契約をしてはなりません。

強制貯金とは、使用者が労働者の賃金の一部を控除して、銀行などの労働者個人名義に貯金させ、その通帳・印鑑を使用者が保管することなどをいいます。労働者が積み立てる退職金積立制度も労働者の意思によらない強制加入であれば、これに該当します。

ただし、労働者の委託を受けた場合は別で、任意貯金と呼ばれ強制貯金には該当しません。任意貯金をする場合には、以下の要件を満たす必要があります。

㋐ 労使協定を締結し、労働基準監督署に届けること
㋑ 貯蓄金管理の規定を決めて、労働者に周知させること
㋒ 年5厘以上の利子をつけること
㋓ 労働者が返還請求したときは遅滞なく返還すること

(2) 労働条件の明示

募集・採用のプロセスを経ていよいよ雇用という段階では、使用者と労働者との間で労働契約（雇用契約）を結ぶことになります。労働（雇用）契約とは、民法623条で、「雇用は、当事者の一方が相手方に対して労働に従事することを約し、相手方がこれに対してその報酬を与えることを約することによって、その効力を生ずる」と定めています。その締結の際、使用者は労働者に対して、賃金、労働時間その他の労働条件を明示しなければなりません。

労働基準法では、必ず明示し、かつ文書で交付しなければならない「絶対的明示事項」と、使用者がこれらに関する定めをする

場合にのみ明示しなければならない「相対的明示事項」を定めています。

① **絶対的明示事項**
　㋐　労働（雇用）契約の期間
　㋑　期間の定めのある労働契約（有期雇用契約）を更新する場合の基準
　㋒　就業の場所および従事すべき業務
　㋓　始業および終業の時刻、所定労働時間を超える場合の有無、休憩時間、休日、休暇、ならびに労働者を２組以上に分けて就業させる場合における就業時転換
　㋔　賃金の決定、計算および支払の方法、賃金の締切りおよび支払の時期ならびに昇給
　㋕　退職

② **相対的明示事項**
　㋐　退職手当の定めが適用される労働者の範囲、退職手当の決定、計算および支払の方法、ならびに退職手当の支払の時期
　㋑　臨時に支払われる賃金（退職手当を除く）賞与、および最低賃金額
　㋒　労働者に負担させるべき食費、作業用品等
　㋓　安全および衛生
　㋔　職業訓練
　㋕　災害補償および業務外の傷病扶助
　㋖　表彰および制裁
　㋗　休職
　パートタイム労働法では、パートタイム労働者との労働契約締

結に際して、労働条件を明示するとともに、昇給の有無、退職手当の有無、賞与の有無について文書の交付などにより明示しなければなりません。さらに平成27年4月1日からはパートタイム労働者からの相談窓口も明示しなければならなくなりました。

5 採 用

採用については、「誰を採用するかではなく、採用してから毎日その人とどう向き合うかが大事だ」と言い切る経営者もいます。しかし、まずは向き合うべき人材を確保することでしょう。特にこれからは、今まで以上に人手不足が深刻化します。人手が確保できないことによる廃業、業務縮小もあり得るでしょう。福祉・介護サービス業界の現状を考えると日頃から採用に対する意識を持っておくことが重要です。

緊急な欠員補充以外の採用にあたっては、事前に必要とされる適正人数を算定し、それに見合った採用計画を策定しなければなりません。しかし、福祉・介護サービスの事業における適正人数を判断する際には、一般企業とは異なり「社会福祉事業における人員配置に関する基準」の制約を受けることになります。不慮の人的リスクへの対応を考慮するとその基準を充足する以上の余剰人員を抱えるべきですが、「余剰人員は即ち人件費の負担増」であり、福祉・介護サービス事業の収入の約60〜70％が人件費であることを考えれば、その適正人数の見極めは難しいものがあり、経営の重要課題となっています。また、目指すべき福祉・介護事業像、福祉・介護サービス像を考えた場合、単なる頭数だけではなく、人的な資質も考慮しなければならないことから、人の採用は、経営者の重要な職務、職責の1つといえます。その人物の性

格が福祉・介護サービスの事業の業務に適性があり、かつ事業所の水（風土、文化）に合いそうな人であれば、その人の持つ潜在能力は必ずや発揮されるはずです。そのような人物を採用するための経営者の経験と見識が求められるところです。大企業や一般企業の採用方法を真似る必要もありません。優秀と思える人物を面接し、採用できる機会に恵まれたならば、まずは相手の話を真剣に聞くことで自分自身のことを気持ちよく語ってもらいましょう。そして、次に経営者自らが事業経営に対する想いを積極的に売り込みましょう。

　採用活動は、人事担当者だけが行うものではありません。担当者の行動、能力にも限界があり、組織を挙げて取り組まなければならない経営課題です。現場の職員の方々も採用活動への協力は惜しまないとの意識を持ってもらわなくてはなりません。採用活動の成否は、採用活動の有効性とその組織魅力度の相乗効果によるものです。

　また、介護福祉士等の資格を持ちながら介護現場に就労していない「潜在介護福祉士」と外国人労働者の問題があります。潜在介護福祉士においては、その数は資格取得者の約40％、約18万人と試算されています。政府では、「潜在介護福祉士」の職場復帰を支援するために、その人たちに氏名や住所の届出を義務化する検討もしています。事業所としても、その人たちが、介護現場に就労、復帰してもらうための職場環境や研修制度の整備などに積極的に取り組まなければならないでしょう。

　一方、外国人労働者の問題については、厚労省が介護職の外国人受け入れ拡大策として「外国人技能制度」の拡充と在留資格の拡充を検討しています。

(1) 採用計画

下図は、採用から募集・選考のプロセスをチャート化したものです。

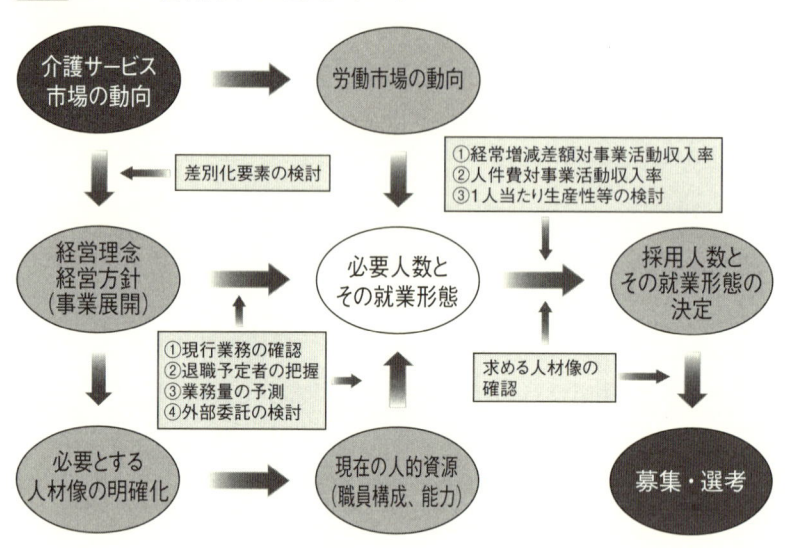

図表 3-16　採用のプロセスチャート

```
介護サービス市場の動向 → 労働市場の動向
     ↓          ↓
   ←差別化要素の検討←
                    ①経常増減差額対事業活動収入率
                    ②人件費対事業活動収入率
                    ③1人当たり生産性等の検討
     ↓          ↓          ↓
  経営理念     必要人数と        採用人数と
  経営方針  →  その就業形態  →  その就業形態の
 (事業展開)                      決定
              ↑          ↑
        ①現行業務の確認   求める人材像の
        ②退職予定者の把握  確認
        ③業務量の予測
        ④外部委託の検討
     ↓          ↑          ↓
  必要とする    現在の人的資源
  人材像の  →  (職員構成、能力)    募集・選考
  明確化
```

　その場しのぎの場当たり的な採用活動では、優秀な人材の確保や定着は望めません。現在の人員構成、今後の人員構成の予測を含めて、総合的、かつ中長期的な採用計画を立てておく必要があります。採用計画がなければ要員の過不足の調整ができないばかりか、場合によっては事業計画の変更を余儀なくされることもあります。採用計画の中では、

　㋐　いつまでに行うのか
　㋑　どのような人材像をターゲットとするのか
　㋒　どのような募集媒体を利用するのか

㋔　どのような手順で誰が実行するのか
㋕　どのくらいのコストを見込むのか
を検討しなければなりません。

(2)「必要とする人材像」の明確化

　採用活動をするにあたって、事業所の経営理念を実現するために必要とする人材像とは何かを明確にしなければなりません。その人材像なくして、採用活動は始まりません。一般的な福祉・介護労働者としての適性としては、「人」を対象とするサービスであるが故に、

㋐　「利用者を理解する態度を持っていること」
㋑　「専門知識に優れていること」
㋒　「人間尊重の価値観を持っていること」

などが問われます。
　また、チームで働くことから職場の人間関係を保つ協調性も重要視されます。その適性のキーワードを挙げると、次のようになります。

㋐　人と接するのが好き
㋑　他人の考えを尊重できる
㋒　人に好かれやすい
㋓　協調性がある
㋔　心根が優しい
㋕　臨機応変に対応できる
㋖　身体を動かすのが好き
㋗　責任感が強い
㋘　細かい作業を嫌がらない
㋙　勉強するのが好き

㋛ 忍耐強い

なお、図表3-17は人材とは何かを表した内容です。「A・B・C・D」のうち、最初に取りかからないといけないのは「D」なのかも知れません。

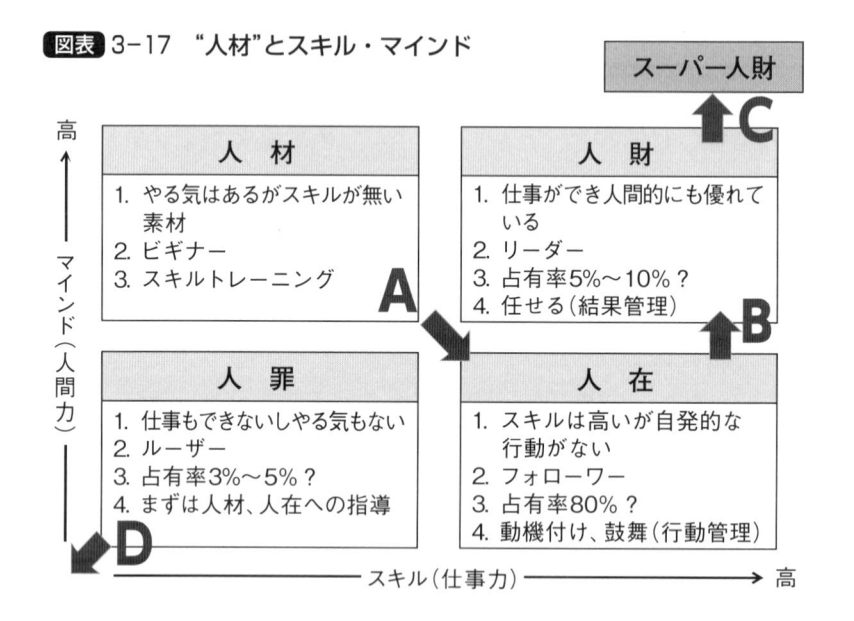

図表 3-17　"人材"とスキル・マインド

縦軸：マインド（人間力）　横軸：スキル（仕事力）

人材（左上）
1. やる気はあるがスキルが無い素材
2. ビギナー
3. スキルトレーニング

人財（右上）
1. 仕事ができ人間的にも優れている
2. リーダー
3. 占有率5%〜10%？
4. 任せる（結果管理）

→ スーパー人財（C）

人罪（左下）
1. 仕事もできないしやる気もない
2. ルーザー
3. 占有率3%〜5%？
4. まずは人材、人在への指導

人在（右下）
1. スキルは高いが自発的な行動がない
2. フォロワー
3. 占有率80%？
4. 動機付け、鼓舞（行動管理）

矢印：A（人材→人財方向）、B（人在→人財方向）、C（人財→スーパー人財）、D（人罪から外方向）

(3) 採用方式の選択

採用の方式には、
㋐　定期採用（新卒者採用・中途者採用）
㋑　通年採用
の2つがあります。

大規模な事業所は定期採用を行っていますが、小規模の事業所においては、1年を通して随時、採用活動を行う通年採用だけの

ケースが多いようです。それぞれの長所、短所は、図表３－18、19の通りです。

　これらの長所・短所を踏まえながら、事業所に合った採用活動を実施することが重要ですが、今や小規模事業所においても、定期採用にトライすべき環境下にあるのかも知れません。

図表 3-18　定期採用・通年採用の長短

	長　　所	短　　所
定期採用	一連のスケジュール化ができることによって、採用、教育のコストを押さえることができる。	過剰な人員を抱えるリスクがある。
通年採用	必要なときに必要な人員を確保できる。	採用の頻度が多くなり、その費用が嵩む。

図表 3-19　新卒者採用・中途者採用の長短

	長　　所	短　　所
新卒者採用	・コア人材を育成することができる。 ・若い人材の入職により組織が活性化する。 ・一定期間、人件費を抑えることができる。	・リアリティギャップからか早期退職が多い。 ・マナーを含む社会人としての教育から始めないといけない。
中途者採用	・即戦力として期待できる。 ・求める人材を確保し易い。	・今までの経験が逆に邪魔になることがある。 ・教育の体系化、スケジュール化がしづらい。

(4) 募集ターゲットの絞り込み

募集するターゲットを絞り込むにあたっては図表3-5（45ページ）の雇用のポートフォリオを参考に、必要な労働力に応じた雇用形態を明確にすることが必要です。

次に募集する雇用形態ごとに性別、年齢、学歴、資格、勤務条件、適性などの観点から整理します。まずは、「この業務はこのような条件を満たした人」などといった従来の固定概念を捨ててみましょう。見直してみることによってターゲット層が一挙に広がるはずです。

(5) 募集媒体の選択

募集するターゲットの絞り込みが完了したら、そのターゲットとなる人材はどこでどのような求職活動を行っているかを知る必要があります。その上で、数多い接触の機会を得るためにはどの媒体を利用すべきかを検討しなければなりません。募集媒体を図式化すると図表3-20の通りです。

図表 3-20　無償・有償別の募集媒体

無償サービス				有償サービス				
ハローワーク	学校等への求人	自社のホームページ	職員等の紹介	合同採用説明会	求人媒体			人材会社	
					求人サイト	折り込み広告	求人雑誌	人材紹介会社	人材派遣会社

① 公共職業安定所 (以下、ハローワーク)

ハローワークで求人する場合には、事業所住所地を管轄するハローワークに「事業所登録シート（初回のみ）」「求人申込書」を

提出します。記入方法等については、ハローワークの担当者が親切に教えてくれるはずです。ハローワーク・インターネットサービスによる求人公開も活用しましょう。併せて、そのサービスを活用し、採用において競合となりそうな事業所の賃金の相場、労働条件等の待遇も調査しておくべきです。

また、全国の主要なハローワークでは、「福祉人材コーナー」が設置され、福祉分野の人材確保に向けたサービス提供体制の整備及び求人・求職のマッチング機能の強化を図っています。

なお、就職困難者を雇い入れた使用者に支給される「特定求職者雇用開発助成金」の受給などは、ハローワーク等の紹介にて雇い入れたことが必須条件であり、募集・求人費用のかからないハローワークは最大限に活用すべき募集媒体です。

② 学校等への求人

介護関連の学校でも実務研修やインターンシップ（学生が一定期間企業・事業所等の中で研修生として働き、自分の将来に関連のある就業体験を行える制度）を実施しています。積極的に実務研修やインターンシップの受け入れ先となりましょう。学生を指導する担当者の確保、指導プログラムの作成、現場職員の負担などの課題はありますが、福祉・介護サービス関連事業の人材を輩出する学校等との結びつきが強くなるメリット、優秀な人材に早くから声をかけておけるメリットがある「攻め」の求人活動となります。また、日頃からの学校等への訪問活動などによって就職担当者への挨拶を欠かさないことも結びつきを強くする方法の1つでしょう。

③　事業所のホームページ
　就職活動をする新卒者のほとんどがメールアドレスを持ち、インターネットを活用した就職活動を行っています。事業所のイメージアップ、情報発信・公開のみならず、求人のためにも事業所独自のホームページを持つべきではないでしょうか。そして、採用に関する問い合わせメールや随時の現場見学、就業体験も受け付ける仕組みを用意すべきです。特に現場見学の実施は重要です。緊張しない場でのお互いを理解し合える場となりえるからです。なお、そのホームページでは、単なる文字での募集要項だけの掲載でなく、写真を多く掲載することや先輩職員からのメッセージを掲載するなど、明るい仲間がいること、笑顔いっぱいの職場であることをイメージできるホームページにしましょう。

④　職員の知人・友人等の紹介
　一般的に、知人・友人での紹介によって採用した職員の定着率は高いという利点があります。しかし、実際に面接した結果が「今ひとつ」の場合には、断りにくい難点もあります。
　なお、新たな職員を紹介し、その紹介された職員が採用され一定期間以上就業した場合には、紹介した職員に対して表彰金を支給する制度も検討すべきです。

⑤　求人サイト
　上記①～④と異なり、有料での募集媒体となりますが、圧倒的な情報量を提供しています。その代表的なサイトは、「介護求人ナビ」「カイゴジョブ」「とらばーゆ」「e介護転職」「おしごと畑」などです。比較的効率のよい募集媒体ですが、当然ながらインターネットを使用していない求職者には届きません。

⑥ 折り込み広告・求人雑誌

　最初から求人エリアを絞り込んでできることから、インターネットが使用できない人、また事業所の業務エリアを熟知した人を募集できるメリットがありますが、費用対効果が見えにくいともいえます。したがって、求人雑誌や新聞などの折り込み広告は、掲載の価格だけでなく、発行部数、配布地域、掲載内容なども十分に考慮しましょう。より効果的な求人活動とするためには、「選択」と「集中」が必要です。小さいスペースにたくさんの情報を詰め込んでも誰も見てくれません。掲載料金は嵩みますが大きく目立つスペースを取り、ホームページの求人画面同様、職場の雰囲気や、明るく働く職員の姿などの写真なども掲載しましょう。

⑦ 人材紹介・派遣事業所

　施設・事業所の代わりに採用を代行し、求人側と求職者側とを人材紹介や派遣によって結びつけるサービスです。その代表的なものに、福祉人材センターがあります。「社会福祉法」に基づき福祉人材の確保（福祉人材の無料職業紹介）や社会福祉事業従事者の資質向上のために都道府県知事の指定を受けて都道府県社会福祉協議会に設置されている公的な機関です。このセンターの支所として全国に人材センター、人材バンクが置かれています。

(6) 求人内容等の情報発信

　求人内容はより多くの方に知ってもらって、関心を持ってもらわなければなりません。その留意点は以下の通りです。

〔1　事業所のアピールポイントを明確にすること〕
　最近入職した職員にどこに惹かれたかを聞いてみる方法もあり

ます。意外と足下に役立つ情報はあるものです。
〔2 誇大な内容としないこと〕
　小細工は通用しません。表現の解釈で、後でトラブルになることもあります。現実的、客観的な情報を提供することで、ミスマッチを防ぐことになります。
〔3 研修体制等の支援体制も明記すること〕
　誰でも就職、転職の際には、不安感がつきまとうはずです。その不安を払拭してもらうためにも、就業してからの研修体制や支援体制、キャリアパスを「見える化」する必要があります。
〔4 具体的な募集要項の作成にあたって「男女雇用機会均等法」を考慮すること〕
　男女雇用機会均等法にて、職員の募集、採用をはじめとして職場配置、昇進、教育、訓練、福利厚生、解雇まで性別による差別は禁止されていますのでご注意ください。

(7) 採用手順

　採用試験から採用決定までの手順は、図表3-21の通りです。これらを全て行うわけではありません。手間はかかりますが、筆記試験、適性検査、それらの結果を活用した一次面接、二次面接などをいくつか組み合わせます。その組み合わせ方によって採用精度は高まるはずです。

(8) 受付

　応募者にとっては、電話したときの担当者の応対、また、事業所に訪問したときの事業所の雰囲気なども職場を選ぶに当たっての重要な判断材料です。採用活動の時だけ、それができるものでもありません。日頃からの心構えと雰囲気作りが求められます。

第3章 雇用管理－採用から退職までのトラブル防止

図表 3-21　面接採用試験、面接手順書

	No	項目	内容	準備・判定・顛末等の対応
一次選考	1	受付	①電話での受付の場合は、連絡先等を確認し、速やかな履歴書の送付を依頼する ②メールの場合は、最低限必要な質問の返信と、履歴書の送付を依頼する	電話受付がスムーズにできるように、あらかじめ電話対応表などを準備しておく
	2	書類選考	履歴書、経歴、応募の動機、電話応対などから判断して1次面接に来ていただくかどうかを判定する	①2次選考対象者に電話、メール等で面接日を調整する ②1次選考にもれた方に「応募書類」等を返送する
二次選考	3	筆記試験	試験内容は、 ①一般常識 ②作文　　　等とする	①問題の作成 ②採点・評価　　を行う
	4	適性検査	性格スクリーニングテストを行う	①問題の選定・準備 ②採点・評価　　を行う
	5	面接 (第1次面接)	上司、同僚が面接する	①面接評定書の作成 ②面接者に今後のスケジュールを伝える
	6	判定	3～5の総合判定	①判定会議の結果に基づき、通過者には電話、メール等で第3次選考の面接日を調整する ②2次選考にもれた方には「選考結果のお知らせ」を送付する
三次選考	7	役員面接 (第2次面接)	理事長、施設長、事務長等が面接する	事前に2次選考までの総括を伝える
	8	最終判定	面接に携わった者を中心に、判定会議を開催する	①判定会議での合格者には「採用内定通知書」を郵送する ②確認最終選考にもれた方には「選考結果のお知らせ」を送付する

(9) 書類選考

　書類選考の多くは、履歴書や職務経歴書に記載された情報からの判断でしょう。昨今では、履歴書もワープロで出力したものが多くなってきましたが、あえて、手書きでの履歴書の提出にこだわる事業所もあります。履歴書、職務経歴書においては、

　㋐　職歴の空白期間がないか
　㋑　提出書類が綺麗（使い回していない）か
　㋒　ポイントを絞っているか
　㋓　伝えたい要点がまとまっているか

などを確認してください。

(10) 筆記試験・適性検査

　筆記試験には、専門知識や一般常識を問う問題や、簡単な論文作成など事業所によって様々です。もし筆記試験を応募者に課そうとするならば、「事業所が必要とする人材像」かどうかが明らかになる筆記試験でなければ意味がありません。また、多くの事業所では適性検査を実施しているケースもあります。適性検査は応募者の現状の能力を判定するものではなく傾向を見るものです。気になった点などは面接時に確認するなど、面接の参考ツールとして位置づけるほうが好ましいのかもしれません。なお、その種類としては、図表3-22の通りです。

図表 3-22　適性検査の種類

分類	名称	提供会社	テスト項目（内容）
総合適性検査	CUBIC	AGP研究所	言語、計数、英語、空間認識、法則性、性格
	TAP	日本文化科学社	言語、計数、論理性、性格
	FAST	産業能率大学総合研究所	言語、計数、判断力、時事常識、性格
	HCi-AS	ヒューマンキャピタル研究所	性格
	GAB	SLH社	言語、計数、パーソナリティ
行動特性検査	Another 8	アトラクスヒューマネージ	コンピテンシー適性、思考力
	採用版EQ検査「E-SST」	EQジャパン	EQ、知的能力、EQコンピテンシー
知的能力／性格テスト	内田クレペリン	日本・精神技術研究所	計算テスト、性格テスト
	V-CAT	日本能率協会マネジメントセンター	言語、計数、表、図解、論理　等
性格テスト	YG性格検査	竹井機器工業	

(11) 面接の留意点

　トラブルメーカーとなる職員を採用しないこと、それが労務リスクを低減する早道です。採用とは、その応募者が有する能力が当事業所の経営理念の達成に向けて貢献してくれそうな人材かを見抜くことです。しかし、「履歴書とたかだか30分くらいの面接

で人を見抜くことなんか不可能だよ」と思われるかもしれません。確かに難しいものです。しかし面接は、採用過程における最も重要な判断手法です。その面接において注意すべきポイントは、以下の通りです。

〔1　事業所として採りたい人物像、採りたくない人物像を明確にすること〕
　自社にとって「求める人材」の要素、「求めない人材」の要素を明確にしなければなりません。たとえば、求める人材とは、
　㋐　良い習慣（挨拶、笑顔、感謝の心、身なり等）のある人物
　㋑　信頼性（約束を守る、時間に遅れない、嘘をつかない、隠さない等）のある人物
　㋒　問題意識をもって物事を観察し、自分の頭で考えようとする人物
　㋓　意欲をもって粘り強く自ら行動しようとする人物
逆に、求めない人材とは、
　㋐　口先だけで行動が伴わない評論家タイプの人物
　㋑　基本的なコミュニケーション能力に欠ける人物
　㋒　ネガティブな思考、他人に責任を転嫁する人物
などです。当然ながらこれらの要素は、経営理念、そして事業所の歴史や風土によってそれぞれ異なるでしょう。
　1人の人間の中には「求める人材」と「求めない人材」の要素が混在します。一番に確認すべきことは、これらの要素とその大きさであり、そのための筆記試験、面接のはずです。
〔2　面接者は自分自身の人を見るクセを知ること〕
　人にはそれぞれ「他人を見るクセ」があります。人事評価においても同様ですが、採用担当者は自分のクセを少しでも理解して

おくことが必要です。そのためには、人事評価のエラー（参照：第5章7（2））が参考になります。

〔3 面接手法を理解しておくこと〕
　短時間の面接でいかに応募者の本質を見極めるか、そのための様々な手法があります。実際にはいくつかの手法を組み合わせて面接していることが多いと思われます。

　　㋐　圧迫面接　　　　　：わざと意地悪で威圧的な内容の質問をしてその反応をみる手法
　　㋑　コンピテンシー面接：過去の出来事での原因、過程を掘り下げて聞くことでその人の行動特性を把握しようとする手法
　　㋒　グループ討議面接　：応募者5～6人で与えたテーマについて議論させ、その議論の様子をみる手法
　　㋓　プレゼン面接　　　：事前、又は当日に与えたテーマについてプレゼンテーションをしてもらい、その表現力、アイディアなどをみる手法

〔4 事業所に来訪した時から退出するまで、気になる点があるかどうかを確認すること〕
　遅刻は論外。また約束の時間から30分以上前から来訪しているのも問題があります。相手への気配りができるかどうかも重要な要素です。最初の受付から、筆記試験を受けている時、面接を待っている時の態度等で気になる点があれば、面接時で確認しましょう。

〔5 できるだけ現場職員にも同席してもらうこと〕
　これから一緒に仕事をする同僚の立場として、また指導・教育

する立場としての意見も重要な判定要素となります。
〔6 施設・事業者側の一方的な質問で終わらせないこと〕
　面接は双方向のコミュニケーションです。お互いが理解しあえる機会とすべきです。

(12) 面接時の主な質問事項とその留意点

　面接での具体的な質問事項をいくつか抽出してみました。面接では、応募者の具体的な「行動」「感情」「受け止め方」などを聴き取ることです。それも、「より多く」ではなく、「より深く」語らせることです。そして、その受け答えの仕方、姿勢、表情（特に笑顔）などに注意を払うことでしょう。主要な質問事項とその評価ポイントは以下の通りです。

〔1 転職の動機、以前の勤務先を退職された理由は何ですか？〕
（中途採用の場合）

　当事業所への応募動機に関する質問に対して、応募者はすでにその回答を用意していると思われます。一方、退職理由については、㋐人間関係が上手くいかなかった、㋑満足のいく仕事ができなかった、㋒労働条件が良くなかった——のいずれかです。応募者がその退職に関する自己分析ができていない場合、理由がはっきりしない場合は、さらに掘り下げて聞いてみる必要があります。圧迫面接とするのも有効でしょう。仕事に対する信念がなかったのか、また自分自身の問題点を自覚していないのか等、退職理由が明確でなければ応募動機も前向きなものではなく曖昧なはずです。少しでも気になることがあれば、前職の職場に確認の電話をするのも1つの手立てです。

〔2 過去に大きな病気などはありましたか？〕
　健康診断書では精神的疾患の有無まではわかりません。ここは直接、「過去に大きな病気やうつ状態などの精神的疾患がありましたか？」と聞いてみてください。昨今のメンタルヘルスの問題から、後になって大いに役立つことがあります。
　健康状態の確認は重要です。背筋がピンと伸びて姿勢の良い人は健康そうに見えます。特に立ち仕事の多い仕事では姿勢と歩き方は重要な観察ポイントです。
〔3 貴方の仕事上での「強み」と「弱み」は何ですか？〕
　「強み・弱み」、過去のどのような行動からそのように思うのかを聞いてみてください。抽象的な言葉は不用です。一般的に「強み」を理解している人は「弱み」も理解しています。「強み」をこの職場で今後どのように活かしたいのかも掘り下げて聞いてみましょう。過去の職務経歴を自慢げに披露されるだけでは意味がありません。
〔4 今までの仕事での失敗事例はどのようなものですか？〕
　仕事の「できる人」は多くの失敗を積み重ねています。単に失敗事例を聞くのではなく、それらをどのように受け止め、どのように解決しようとしたのか、周囲の人達はどうだったのか、そして、何を学んだのかなどを聞いてください。仕事に対する基本的な姿勢が窺えるはずです。
〔5 ワーク（仕事）、ライフ（生活）のバランス（両立）はどのように考えていますか？〕
　特に女性には、結婚、出産など大きなライフイベントがあります。そのイベントごとに変化するものでしょうが、応募者の現時点での人生における仕事の位置づけを確認してください。

〔6 今までの人生で一番嬉しかったこと、または辛かったことは何ですか？〕

　生きてきた中で何が一番嬉しかったか、逆に何が一番辛かったと感じたか、その時どのように行動したのか、周りの人達のアドバイスやコメントはあったのかなどを聞いてみてください。その時の周囲の人達の評価も重要です。

〔7 肉親・家族の貴方への想いを強く感じた出来事はありますか？〕

　肉親や家族のことは聞けませんが、その方々への想いは聞くことができます。どんな家庭環境で、どんな経験をして育ってきたか、それが人格形成に与える影響は計り知れません。肉親や家族への想いを聞くことで、その人らしさを理解することができるかも知れません。

〔8 恩師・恩人と呼べる方はありますか？〕

　「恩師・恩人は見当たらない」、「つまらない先生・先輩ばかりだった」としか思わない応募者は、入職しても「魅力のない上司ばかりだ」と言いかねません。人を尊敬する心、人に感謝する心、人を信頼する心があるかどうかは、組織の一員として重要な要素でしょう。

　その面接時の「面接シート（中途採用者用）」については、巻末の参考資料－①を参照してください。なお、面接時においては、仕事の内容と期待する働きを明確に伝えるとともに、質問を受けてください。応募者の期待・予想する仕事と実際との仕事のギャップを少しでも埋めておくことが重要です。

(13) 採用コスト

　採用には、採用業務に関わる職員の人件費、そして広告費、案内ツールの作成費、ホームページの作成・更新費、旅費・交通費、

適性検査費などの様々なコストがかかります。平成23年10月に㈱ニッソーネットが全国442の介護事業所に実施した調査結果によれば、図表3-23の通り、介護職員の中途採用にかける月間の採用コストは、圧倒的に10万円未満でした。

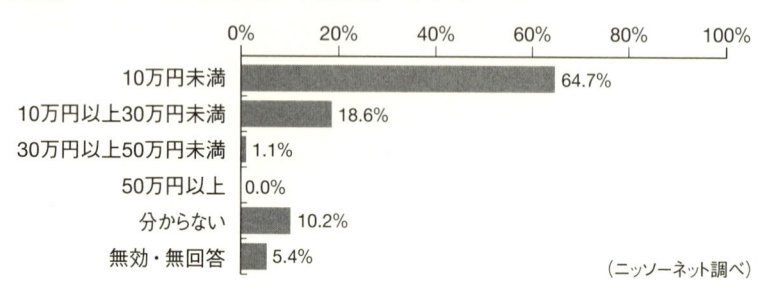

図表 3-23　介護事業所が中途採用にかけるコスト

10万円未満	64.7%
10万円以上30万円未満	18.6%
30万円以上50万円未満	1.1%
50万円以上	0.0%
分からない	10.2%
無効・無回答	5.4%

（ニッソーネット調べ）

投資した分だけの成果が上がるとは限りませんが、それ相応の費用をかけなければ人材の確保はできません。どれくらいの金額が最適な採用コストなのかは、事業規模や地域によっても異なります。その把握のためには、中長期の採用計画に基づいた採用コストのシミュレーションなどによって判断することになるでしょう。

(14) 採用内定における留意点

採用を内定した場合は、内定者に「採用内定のお知らせ」と「入職承諾書」を送付し、返信してもらいます。

しかし、ここで安心してはいけません。特に新卒など、採用内定から実際の就業までに相当の期間がある場合です。他の事業所に合格したなどの理由から内定を辞退するケースがあります。内定者の引き留め策としては、

㋐　"施設便り"などの施設情報の発信
　㋑　就職担当者の電話、メール等でのフォロー
　㋒　内定者の集合研修の実施
　㋓　現職員との懇談会の実施
などがあります。

　逆に、施設・事業所側から内定を取り消すケースがあります。内定は「解約権留保付労働契約」と位置づけられています。労働契約である以上、事業者の都合で解約するわけにはいきません。解約する、即ち、内定を取り消すためには、「客観的に合理的と認められ、社会通念上相当として是認することができる」事由が必要とされますのでご注意ください。

(15) 採用時に取得する書類

　将来の労使トラブルを避けるため、並びに社会保険、労働保険関係の入職手続きをスムーズに行うために最低でも以下の書類を新入職員に提出してもらうことになります。特に、誓約書、身元保証書、及び健康診断書は必ず受領してください。
　㋐　入職誓約書（**参考資料-②**）
　㋑　身元保証書：保証期間を設定しない場合は３年間、設定する場合は最長５年間（**参考資料-③**）
　㋒　健康診断書（過去の病歴の申告を含む）
　㋓　「マイナンバー通知カード」又は「個人番号カード」の写し
　㋔　年金手帳及び雇用保険被保険者証（取得者のみ）の写し
　㋕　住民票記載事項証明書（本籍の記載のないもの）
　㋖　外国人登録証明書（該当者のみ：国籍、在留資格、在留期限）
　なお、当然ながら、採用時に収集したマイナンバー（個人番号）を含む情報は特定個人情報、個人情報です。したがって、その情

報は、社会保険に関する事務手続や配置、異動、人事評価、処遇決定等の人事・労務管理に利用するものであって、その目的以外に利用する場合は、本人の同意を得なければなりません。

(16) 採用時における雇用形態

　採用時における雇用形態を考慮する際に知っておかねばならない言葉が、「試みの使用期間」と「試用期間」です。誤解されがちな言葉です。

　㋐　「試みの使用期間」
　　　入社日（労働契約の締結日）から14日以内をいいます。
　㋑　「試用期間」
　　　３か月とか６か月などの期間を定めて、その期間中に「職員として適格であるか否かを判定」する試験的な勤務期間をいいます。

「試みの使用期間」での解雇であれば、解雇予告手当（参照：第３章７（５））を支払うことなく解雇できます。しかし、入社日から14日を経た「試用期間」での解雇であれば解雇予告手当の支払い義務が生じます。一般的には試用期間といえども労働契約が成立している「解約権留保付の契約」とされています。試用期間の長さに関する法規上での定めはありませんが、１年を超える試用期間とすることは信義則上違反であるとした判例があり、一般的には６か月が限度と考えられます。もし、勤務態度不良等の採用当初、知ることができなかったような事実が試用期間中に判明したことで本採用を拒否したい場合においても採用を拒否する客観的、合理的な理由が求められます。したがって、通常の解雇の場合よりも広い範囲での解雇事由が認められている期間と理解すべきです。

試用期間中の職員に対して、当事業所で勤務する能力が有るのか、当事業所に貢献してくれそうかを見極め、引き続いて雇用するか否かの判断は、14日以内にすべきです。しかし、「今しばらく様子を見てみよう」などの温情が入りがちであり、なかなか難しいところです。

(17) 新入職員の受け入れ準備

　新卒者だけでなく、転職である中途採用者であっても勤務する初日は、緊張感と期待感を併せ持って出勤してくるはずです。事業所としては、新入職員を新たな職場の仲間として受け入れる姿勢、態度を見せることが重要であり、次のような心配りが欠かせません。

　㋐　ユニフォーム（制服）は、サイズ等を事前に確認し、新品またはクリーニングされたものを用意しておくこと
　㋑　名刺、名札やネームホルダー、名入りのタイムカードを用意しておくこと
　㋒　専用の机やロッカーを与える場合には、整理整頓された状態にしておくこと
　㋓　業務に最低限必要な事務用品を用意しておくこと
　㋔　就業規則や組織図、また利用者、入居者の状況などがわかる資料を用意しておくこと

　また、新入職員に対する「初日ですからのんびりしていてください」の言葉は禁物です。施設長、もしくは上司、同僚となる先輩職員が、担当する業務内容や現状などを説明すべきです。それが新入職員の不安感や孤独感を取り除き、仲間として温かく受け入れることとなり、早く職場に馴染んでもらうこととなり、そして仕事へのやる気を起こしてもらうことにつながるはずです。

6 人事異動

(1) 配置転換・転勤・出向・転籍

　採用した職員は、福祉・介護サービスの各部署に配置することとなります。一般的には、募集した部署になりますが、試用期間を経て、新入職員の適性がその部署に合わない場合は、他の部署に変更することもあります。その場合は、その新入職員と十分に協議すべきです。

　複数の事業を行っている、あるいは複数の施設を運営している福祉・介護サービスの関連事業所においては、定期、随時の人事異動の必要性が生じます。人事異動には「配置転換」と「転勤」があります。また、病院・クリニックが福祉・介護サービスの事業を併営している場合など、「出向」や「転籍」も起こり得ます。

① **配置転換**（従来と同一の事業所内で業務を変更すること）
　　事例：デイサービスの部署に属していた職員を同一事業所における訪問介護サービスの部署に異動すること等

② **転勤**（従来と異なる所在地の事業所に異動すること）
　　事例：A事業所のデイサービスの部署から所在地の異なるB事業所のデイサービスの部署に異動すること等

③ **出向**（出向元との雇用関係を維持したまま出向先の指揮命令下で勤務すること）
　　事例：医療法人であるクリニックの看護師をその雇用関係を維持したまま、併営する社会福祉法人の特別養護老人ホームで勤務してもらうこと等

④　転籍（出向元との雇用契約を解除した上で新たに出向先と雇用契約を締結すること）
　事例：医療法人であるクリニックの看護師にクリニックを退職してもらい、併営する社会福祉法人の特別養護老人ホームにて新たに雇用契約を締結（入社）してもらうこと等

　なお、「配置転換」、「転勤」、「出向」、「転籍」を行う場合には、次の点に留意しなければなりません。
　㋐　業務上の必要性があるか
　㋑　その手続きは正当であるか
　㋒　職員にとって著しい不利益にならないか
　㋓　人選は合理的な方法で行われたか
　㋔　出向、転籍の場合は、個別に職員の同意を得たか
　人員配置は、経営権の1つであり、経営側の裁量により命じることができますが、職員の希望しない部署への配属はモチベーションの低下となり、不平不満が鬱積することにもなりかねません。可能な限り職員の意向を尊重することも重要ではないでしょうか。また、採用時に締結する「労働条件通知書」「雇用契約書」には、必ず「配置転換」、「転勤」、「出向」、「転籍」などの人事異動があり得ることを明記しておきましょう。それが将来の労使間トラブルを未然に防ぐことにつながります。

(2) 昇格・昇進
　昇格や昇進も人事異動の1つです。
　職員が自己啓発や事業所の支援を受けてスキルアップし、それに応じた賃金や役職などのキャリアパスを提示することも経営者

側の重要な課題です。福祉・介護を志す若者が生涯にわたって働き続けられる職業、職場としなければなりません。

① 昇格

職能資格制度などの能力給制度を採用している場合において、職務能力の格付けである等級が上がることを「昇格」といいます。一般的に昇格と賃金制度を連動させるため、昇格によって賃金も引き上げられることから職員のモチベーションを高める効果もあります。

② 昇進

一般職員から、ユニット長・グループ長（主任）や課長、部長などの組織上のポジション（地位）が上がることを「昇進」といいます。等級が上がることと組織上のポジションが上がることが一致していれば、昇格と昇進を区別して使う必要はありません。しかし、いくら能力の高い人が複数いても課長のポジション、ポストが1つであれば、一致させることはできません。職能資格制度では、別々に実施することが一般的です。

7 退職と解雇

退職も解雇も雇用契約が終了することをいいますが、解雇は使用者側からの一方的な解除のことであり、退職は解雇以外の契約終了です。それを分類すると図表3-24のようになります。

退職と解雇では、労働基準法、雇用保険法（失業給付の受給）上、大きな違いがあります。

図表 3-24　退職と解雇の分類

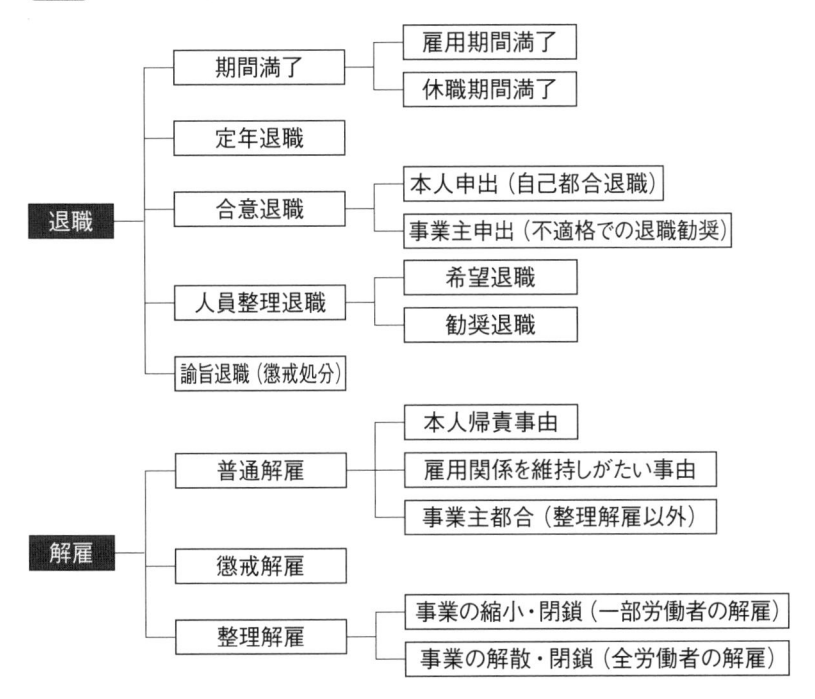

```
            ┌─ 期間満了 ──┬─ 雇用期間満了
            │            └─ 休職期間満了
            ├─ 定年退職
退職 ───────┼─ 合意退職 ──┬─ 本人申出（自己都合退職）
            │            └─ 事業主申出（不適格での退職勧奨）
            ├─ 人員整理退職 ┬─ 希望退職
            │              └─ 勧奨退職
            └─ 諭旨退職（懲戒処分）

            ┌─ 普通解雇 ──┬─ 本人帰責事由
            │            ├─ 雇用関係を維持しがたい事由
            │            └─ 事業主都合（整理解雇以外）
解雇 ───────┼─ 懲戒解雇
            └─ 整理解雇 ──┬─ 事業の縮小・閉鎖（一部労働者の解雇）
                         └─ 事業の解散・閉鎖（全労働者の解雇）
```

(1) 退　職

①　期間満了

　パート職員は、雇用期間の定めのある有期雇用であるため「雇止め」（後述の（6）を参照）という形での期間満了による退職となります。有期労働契約であっても黙示的に反復更新されている場合は、「雇用期間の定めのない契約」と見なされ一般の解雇の規定によって対処することとなります。

②　定年退職

　「高年齢者雇用安定法」では、定年を定める場合には、60歳を

下回らないこと、並びに65歳未満定年を定めている場合は、
- ・定年の引き上げ
- ・継続雇用制度の導入
- ・定年の廃止

のいずれかの措置を講じなければなりません。現在、多くの事業所では、継続雇用制度である再雇用制度を導入しています。

③ **合意退職**

職員が退職を申し出て使用者が合意した場合は、直ちに退職が成立します。たとえ、使用者側が認めなかったとしても民法上では２週間後には退職が成立することになります。なお、退職は「退職届（退職願）」が提出されなくとも、原則として口頭での退職の意思表明、退職金の受理、転職、欠勤などの行為で退職の意思を表明しているとみなされる場合がありますが、できる限り「退職届（退職願）」を受領してください。

また、合意退職の中には「退職勧奨」が含まれます。退職勧奨とは、使用者側が職員に退職を勧めそれを受け入れた職員から退職届（退職願）を受領する形式です。俗に「肩たたき」と称されます。勧奨に応じるかどうかは本人の判断によります。退職勧奨であれば、自己都合でなく会社都合となりますので、退職した職員には雇用保険における失業給付の受給開始が早まるメリットが生じます。

④ **諭旨退職**

本来ならば懲戒解雇なのですが、職員の経歴に傷をつけることへの配慮から、温情として退職届や辞表の提出を求めることによる退職です。したがって、退職と懲戒解雇の中間に位置する退職

⑤ 解雇による退職

経営状態の悪化等、経営上やむを得ない理由により人員を整理しようとする場合の整理解雇、事業所の懲戒権を行使する懲戒解雇があります。

(2) 優秀な人材の退職阻止と退職理由の把握

優秀な人材の確保には、「入口」と「出口」で検討しなければなりません。「入口」である採用計画を立案し採用活動をする前に、まずは「優秀な人材」を辞めさせない「出口」も重要です。最近の求職者は就職しようとする事業所の職員離職者数を気にします。「辞める人が多いということは待遇面に、あるいは職場環境に問題があるのではないか？」との判断です。優秀な人材を採用するためにも優秀な人材を辞めさせない努力が必要です。

図表 3-25　直前の介護の仕事をやめた理由

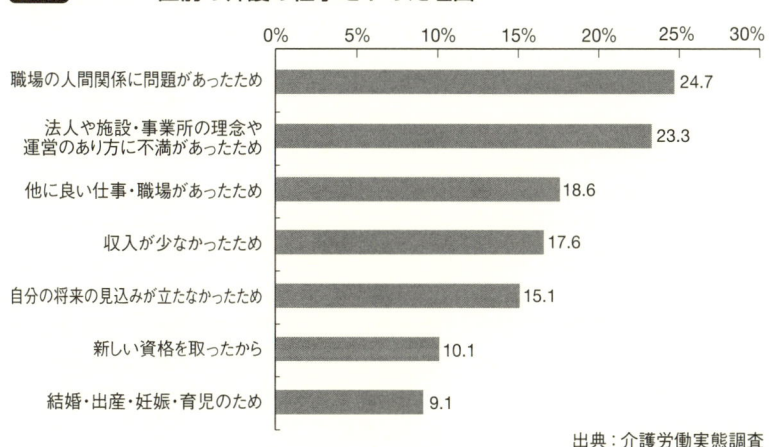

理由	%
職場の人間関係に問題があったため	24.7
法人や施設・事業所の理念や運営のあり方に不満があったため	23.3
他に良い仕事・職場があったため	18.6
収入が少なかったため	17.6
自分の将来の見込みが立たなかったため	15.1
新しい資格を取ったから	10.1
結婚・出産・妊娠・育児のため	9.1

出典：介護労働実態調査

『平成25年度介護労働実態調査』（㈶介護労働安定センター）の調査結果によれば、直前の介護の仕事をやめた理由は、図表3－25の通りです。
　辞める決意をした人は、辞める本当の理由を言わないものです。「待遇が悪い」、「職場の上司、同僚とソリが合わない」などいくつもの理由が絡み合うのが実際でしょう。
　ア．「他にやりたいことがありますから……」
　　　その裏には、・ここで働いてもキャリアアップにつながらない
　　　　　　　　　・ここで働いても自分の思うことができない
　　　　　　　　　・ここで働いても楽しくない
　イ．「精神的にも身体的に疲れました……」
　　　その裏には、・ここで働いても給料は少なく大変なだけだ
　ウ．「家庭的な事情で……」
　　　その裏には、・本当は違う理由だが、当たり障りがないので

　介護労働者特有のストレスは、
　・上司、同僚職員と上手くつきあえない
　・夜勤時に何か起こるのではないかという不安がある
　・仕事の内容のわりに賃金が低い
　・休憩時間が取りにくい
　・明らかに人手不足である
等です。「その対応策として、事業所で何ができるか」を十分検討しなければなりません。同じく介護労働実態調査の結果によれば、早期離職防止と定着促進としてあげている方策は、図表3－26の通りです。

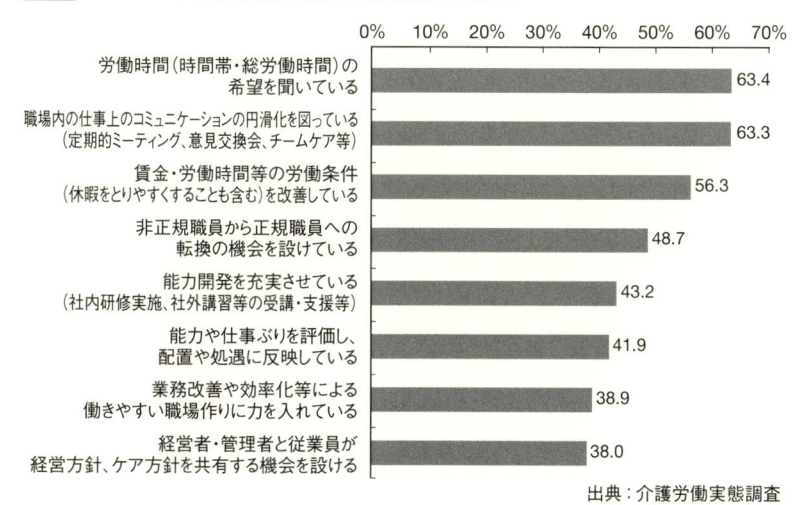

第3章 雇用管理－採用から退職までのトラブル防止

図表 3-26　早期離職防止及び定着促進の方策

方策	割合
労働時間（時間帯・総労働時間）の希望を聞いている	63.4
職場内の仕事上のコミュニケーションの円滑化を図っている（定期的ミーティング、意見交換会、チームケア等）	63.3
賃金・労働時間等の労働条件（休暇をとりやすくすることも含む）を改善している	56.3
非正規職員から正規職員への転換の機会を設けている	48.7
能力開発を充実させている（社内研修実施、社外講習等の受講・支援等）	43.2
能力や仕事ぶりを評価し、配置や処遇に反映している	41.9
業務改善や効率化等による働きやすい職場作りに力を入れている	38.9
経営者・管理者と従業員が経営方針、ケア方針を共有する機会を設ける	38.0

出典：介護労働実態調査

退職する職員には必ず何かしらの兆候もあります。たとえば、

・「〇〇さんは何故辞めたんですか？」、「そのとき、施設長は引き留めたのですか？」、「引き継ぎは大丈夫だったのですか？」等とやたらと退職者の話を聞きたがる。
・就業規則、退職金規程等を閲覧し始める。
・年次有給休暇の残り、雇用保険の加入時期、健康保険の任意継続制度などを質問してくる。

などです。このような場合は早急に対応しましょう。一旦、退職を申し出た人の気持ちを覆すことは難しいものです。しかし、何が問題であったかをしっかりと分析し対応しなければ今後も同じことが続くはずです。また、退職（希望）者は連鎖することがありますのでご注意ください。

(3) 懲戒処分

懲戒処分は就業規則等で定めた服務規律違反者に対する制裁です。その制裁の度合いは軽い順から次の通りです。

- ㋐ 戒告：将来を戒めるのみで、始末書の提出を求めないこと
- ㋑ 譴責：始末書を提出させて将来を戒めること
- ㋒ 減給：労働者が受け取ることができる賃金から一定額を差し引くこと
  （1回の額が平均賃金の1日分の半額を超え、総額が一賃金支払期における賃金の総額の10分1を超えてはなりません）
- ㋓ 出勤停止：労働契約をそのままとして就労を禁止すること。自宅謹慎、停職とも称します。
- ㋔ 降格
- ㋕ 諭旨退職：退職願や辞表の提出を勧告し、その期間内に勧告に応じない場合は懲戒解雇に付すこと
- ㋖ 懲戒解雇

なお、懲戒権の行使にあたっては、就業規則で懲戒に関する規定を詳細に整備しておくことが必要です。有期雇用契約の職員に対しては、懲戒権を及ぼすべきではないとの考え方もあることから懲戒解雇は適用しないほうが無難かもしれません。また、職員が10人未満の場合、就業規則の作成義務はありませんが、作成、整備しておくことをお勧めします。また、懲戒処分については、その運用や行使にあたり、次の原則を守らなければなりません。

- ・罪刑法定主義の原則：懲戒事由、懲戒内容を明示すること
- ・平等待遇の原則：すべての労働者を平等に扱うこと
- ・二重処罰の禁止：同じ事由で二重に処分できないこと
- ・不遡及の原則：懲戒規定を制定するまでの行為には適用できないこと

・個人責任の原則：連座制は適用できないこと
・相当性の原則：処分の種類・程度には客観的妥当性が必要なこと
・適正手続きの原則：就業規則や労働協約等で定められた手続きが必要なこと

(4) 解　雇
① 普通解雇
普通解雇の要件は、
㋐　解雇事由が就業規則に規定する解雇事由に該当すること
㋑　客観的、合理的な理由があり、社会的にみても解雇する相当性があること
㋒　解雇の回避努力をしたこと

の3点です。業務遂行能力に問題がある、健康状態に問題がある、職場において著しく協調性を欠く、勤務態度が不良であるなど、解雇もやむを得ないといえる「客観的に合理的な理由」が必要です。そうでなければ、「解雇権の濫用」と見なされます。観察期間を設けるなどして指導したか、また、戒告等の程度の軽い処分から段階を踏んで処分したかなどの実態が考慮されます。したがって、始末書、処分の記録などはしっかりと保管しておく必要があります。

② 懲戒解雇
懲戒解雇の要件は、
㋐　懲戒事由と懲戒手段が就業規則などに規定されていること
㋑　懲戒事由と懲戒手段が合理的であること
㋒　服務規律違反に対応した処分であること

㈎　処分の手続は、適性かつ公正であること

の４点です。懲戒解雇事由としては、経歴詐称、職務怠慢、職務命令違反、職務規律違反、私生活上の非行などがあります。解雇の場合は、常に「解雇権の濫用」問題がつきまといます。懲戒解雇を行う場合は、普通解雇以上に、

・それがどのような根拠に基づくものか
・他の職員の場合や前例はどのようになっているか
・必要な手続きを踏んでいるか

などの点について、１つずつ確認し手順を踏んでおくことが重要です。

③　整理解雇

　業績の悪化などからやむを得ず人員削減をすることが整理解雇です。その要件は、次の４点です。

　㈀　人員整理の必要性
　　事業所が客観的に経営危機の状態であり、経営不振を打開するために解雇による人員削減が必要やむを得ないこと
　㈁　解雇回避の努力
　　解雇を回避するために希望退職の募集、出向、配置転換、一時帰休など具体的な措置を講ずる努力が十分なされたこと
　㈂　人選の合理性
　　解雇の基準およびその適用者が全職員を対象としていて合理的であること
　㈃　解雇手続きの妥当性
　　人員の整理の必要性と内容について解雇の対象者および労働組合に対して、整理解雇の必要性について十分に協議し、納得を得るよう努力を尽くしたこと

もし、整理解雇において労使間トラブルとなった場合、この4点の要件、要素の実態をもって「解雇権の濫用」であるかどうかが問われることになります。

(5) 解雇予告手当

　懲戒解雇を除き、使用者が職員を解雇しようとするときは、少なくとも30日前に解雇の予告をしなければなりません。解雇予告をせずに解雇予告手当（30日分以上の平均賃金）を支給することによって即時解雇もできます。また、解雇予告期間を短縮する方法として、短縮したい日数分の解雇予告手当を支払うこともできます。しかし、解雇予告手当を支払えば自由に解雇できるものではありません。「解雇権の濫用」問題がつきまといます。なお、

- ㋐　天災事変その他やむを得ない事由で事業の継続が不可能になり、所轄労働基準監督署長の認定を受けた場合
- ㋑　職員の責に帰すべき事由による解雇で所轄労働基準監督署長の認定を受けた場合
- ㋒　日々雇い入れられる者の場合
- ㋓　2か月以内の期間を定めて使用される者でその期間を超えない場合
- ㋔　季節的業務に4か月以内の期間を定めて使用される者でその期間を超えない場合
- ㋕　試みの使用期間中の者の場合

に該当する場合は、解雇予告手当を支給せずに、即時解雇することができますが、次の事項、期間中については解雇できません。

- ・国籍、性別、信条、社会的身分を理由とする解雇
- ・監督機関への申告を理由とする解雇
- ・不当労働行為となる解雇

- 女性の婚姻、妊娠、出産、産前産後休業を理由とする解雇
- 育児休業、介護休業の申し出、取得を理由とする解雇
- 労働者が都道府県労働局長に対し、個別的な労使間のトラブルについて援助を求めたことを理由とする解雇
- 業務上負傷・疾病している期間中および復職後30日間
- 産前産後の女性労働者が休業する期間（産前6週間：多胎妊娠の場合は14週間、産後8週間）およびその後の30日間

また、解雇の事由については、絶対的必要記載事項として就業規則に記載しなければなりません。

(6) 雇止め（契約更新の拒否）

「雇止め」とは、期間を定めた雇用契約（有期雇用契約）において、期間満了後の契約更新をしないこと、または更新を拒否することをいいます。有期雇用契約の場合、期間が満了すれば雇用契約は終了するのが原則であり、その後に契約するかしないかは契約当事者の自由です。その意味では「解雇」とは異なります。しかし、次のような場合は労働者側に雇用継続への期待があるとして「解雇権の濫用」が類推適用されます。

　㋐　採用時に更新を前提とするような言動がなされている場合
　㋑　更新が何度も自動的に繰り返されている場合
　㋒　これまで同様の地位にある職員における雇止めの事例がほとんどない場合

また、次のような雇用契約については、解雇権の濫用として一方的な雇止めが無効となるケースがあります。

　㋐　雇用の常用性がある場合
　㋑　雇用期間の契約更新がなされている場合
　㋒　雇用通算期間が1年を超える契約の期間満了である場合

労使間トラブル防止の観点からも黙示的、形式的な反復更新は避けるべきです。契約更新時においては、その期間満了の1か月前くらいまでに該当職員と面談する機会を持ってください。その場で、契約更新のこと、勤務評価のこと、現状での問題点、今後の課題などを話し合い、コミュニケーションを図りましょう。それがパート職員など有期雇用契約の職員のモチベーションアップを図り戦力化につなげることになります。

(7) 労使間紛争（トラブル）への対応

労使間紛争（トラブル）は増加の一途を辿っています。福祉・介護サービスの業界も例外ではありません。昨今の「ブラック企業」と称される法律違反の事例もありますが、その内容の多くは、「解雇」「労働条件の引下げ」「いじめ・嫌がらせ」「退職勧奨」「自己都合退職」などの私人間の権利義務に関するものであり、その紛争内容も多様化しています。

私人間の紛争解決の最終手段は裁判制度ですが、判決までにあまりにも時間と費用がかかるため、図表3-27の通り、労使間紛争（トラブル）を解決するための制度があります。労使間紛争は無いにこしたことはありません。未然に防ぐための仕組みとその意識が求められます。もし、労使間紛争になった場合は、弁護士、社会保険労務士等の専門家に助言・指導を求めることをお勧めします。

図表 3-27　労使間紛争解決の仕組みと流れ

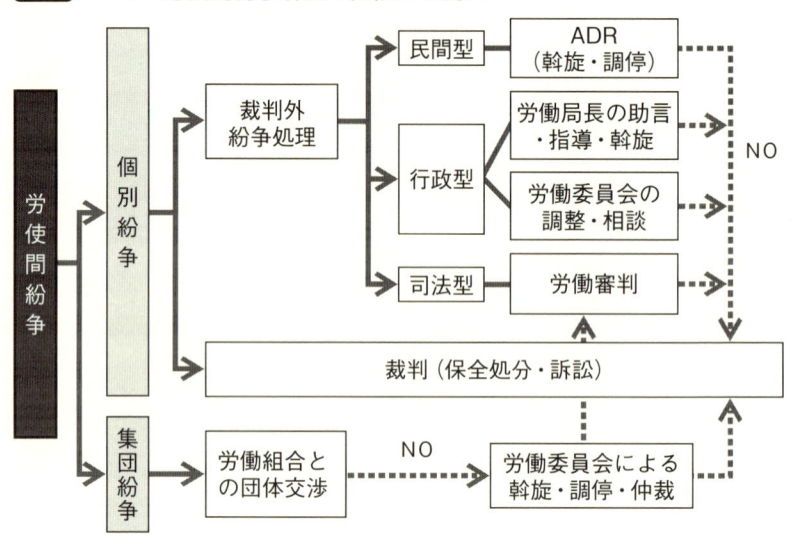

① 都道府県労働局の助言・指導・斡旋

　総合労働相談コーナーでの相談・情報提供、都道府県労働局長による助言・指導、そして紛争調整委員会による斡旋があります。相談・助言等では、総合的・多角的なアドバイスをもらえます。また、紛争調整委員会は、解雇や出向・配転、賃金未払いに関することや職場内でのいじめ、嫌がらせなどに関する事項について、個々の労使間紛争の斡旋を行います。したがって、労働組合と事業主との紛争（集団紛争）、労働者と使用者との間における私的な金銭貸借問題などは対象にはなりません。

　この斡旋においては、紛争当事者間に公平・中立的な第三者の斡旋委員が入り、使用者と労働者が直接対面することなく双方の主張の要点を確かめながら具体的な斡旋案を提示します。裁判のように白黒つけるものではなく、話し合いにより紛争の自主的解

決を図る制度です。

　斡旋なので、斡旋案の受諾を強制するものではありません。ここで解決しない場合は、労働審判、裁判へと進むことになります。なお、この制度は、非公開で無料です。

②　民間による紛争解決（ＡＤＲ）

　民間における労使間トラブルの解決の取り組みとしては、弁護士会が運営する「紛争解決センター」（全国35か所）、社会保険労務士会が運営する「社労士会労働紛争解決センター」（全国44か所）があります。都道府県労働局と同様の斡旋が行われますが、「紛争解決センター」では、お互いが合意すれば仲裁の判断も行います。仲裁は裁判所の判決と同様の効力をもつ制度です。なお、この制度は、非公開で有料です。

③　（都道府県）労働委員会の調整・相談

　（都道府県）労働委員会は、労働組合と使用者間における集団的な労使紛争解決を行っていましたが、昨今では、個別の労働者との紛争を対象とした斡旋を行う労働委員会が増えました。労働委員会は、公益委員、労働者委員、使用者委員の三者で構成され、労使慣行等を踏まえた意見調整ができることに特徴があります。なお、この制度は、非公開で有料です。

④　労働審判

　地方裁判所の裁判官１名と労働審判員２名で構成する労働審判委員会が解決を図る制度です。原則として３回以内の期日で審理し、調停若しくは労働審判を行うものです。不服の異議申立てがない限りは、裁判上の和解と同一の効力を持ちます。なお、この

制度は、非公開で有料です。

⑤ 裁　判
　民事訴訟は法廷で、双方の法律上の主張を聞いたり、調べたりした上で判決により当事者の権利・義務を確定する最終的な解決制度です。なお、民事訴訟のうち、60万円以下の金銭の支払いトラブルについては、少額訴訟制度があります。

⑥ 集団紛争
　労働組合との団体交渉です。たとえ、事業所に労働組合が無いにしても、職員が退職後に労働組合に加入し、その労働組合から団体交渉を要求されることがあります。団体交渉は拒否することはできません。ちょっと厄介な受け身の解決方法です。

8　労働基準監督署の調査への対応

　労働監督の行政を担っているのが労働基準監督署です。厚労省に労働基準局、各都道府県に都道府県労働局、その管内に労基署が設けられています。厚労省職員である労働基準監督官は、強制的に立ち入り調査（臨検）や従業員等への尋問などの権限を持ち、また、被疑者を逮捕・送検する司法警察官としての大きな権限も付与されています。
　労働基準監督の仕組みは図表3－28の通りです。
　労基署の調査は、定期的・計画的に実施される「定期監督」と労働者からの申告（内部告発）に基づいて実施される「申告監督」、及び労災にかかわる「災害調査」に分かれます。定期監督の場合は、事前に通知されることもありますが、申告監督や災害

調査の場合は、突然、事業所にやってくることもあります。申告監督の場合は、職員または職員だった者が予め労基法違反の事実を労基署に伝えているため、たとえば、時間外手当の不払いであるならば、タイムカードや残業命令簿、日報、賃金台帳などの資料を徹底的に調査します。

　もし、労基法違反が発見された場合は、その指導内容を記した「是正勧告書」が発せられます。「是正勧告書」を受領後、その改善について「是正報告書」を提出することになりますが、指摘された違反行為を真摯に受け止め、次の対応を起こすことです。

図表 3-28　労働基準監督の仕組み

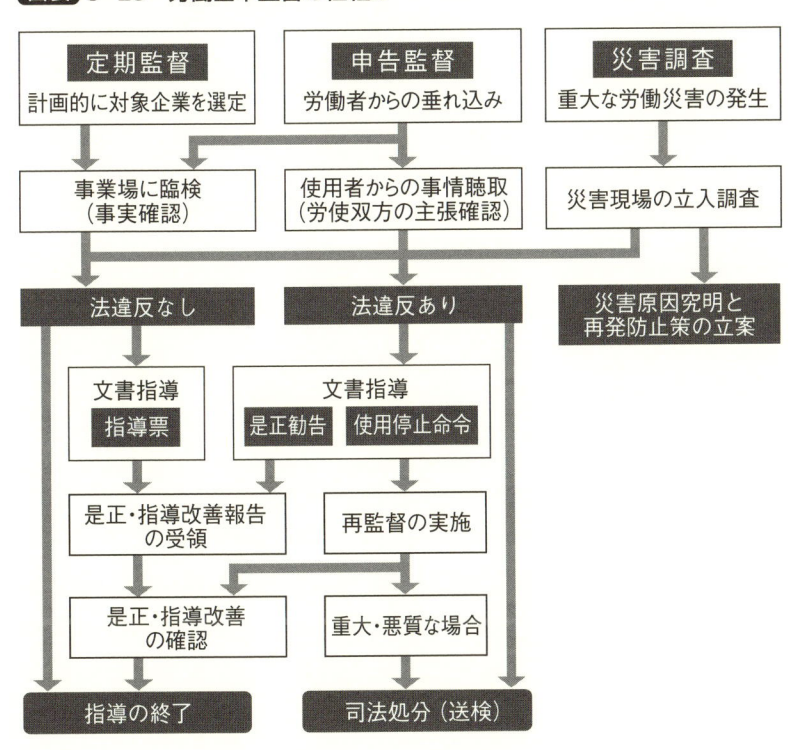

```
┌──────────┐  ┌──────────┐  ┌──────────┐
│  定期監督  │  │  申告監督  │  │  災害調査  │
│計画的に対象│  │労働者からの│  │重大な労働災│
│企業を選定  │  │垂れ込み    │  │害の発生    │
└─────┬────┘  └─────┬────┘  └─────┬────┘
      ↓              ↓              ↓
┌──────────┐  ┌──────────┐  ┌──────────┐
│事業場に臨検│  │使用者からの│  │災害現場の立│
│（事実確認）│  │事情聴取    │  │入調査      │
│            │  │（労使双方の│  │            │
│            │  │主張確認）  │  │            │
└──────────┘  └──────────┘  └─────┬────┘
   ↓      ↓                           ↓
┌──────┐┌──────┐               ┌──────────┐
│法違反 ││法違反 │               │災害原因究明│
│なし   ││あり   │               │と再発防止策│
│       ││       │               │の立案      │
└───┬──┘└───┬──┘               └──────────┘
    ↓        ↓
┌──────┐┌──────────────┐
│文書指導││     文書指導         │
│指導票  ││ 是正勧告 使用停止命令│
└───┬──┘└──────┬───────────┘
    ↓            ↓
┌──────┐┌──────────┐
│是正・指││再監督の実施│
│導改善報││            │
│告の受領││            │
└───┬──┘└─────┬────┘
    ↓          ↓
┌──────┐┌──────────┐
│是正・指││重大・悪質な│
│導改善の││場合        │
│確認    ││            │
└───┬──┘└─────┬────┘
    ↓          ↓
┌──────┐┌──────────┐
│指導の終││司法処分    │
│了      ││（送検）    │
└──────┘└──────────┘
```

「是正勧告書」自体は行政指導であり法的強制力はありませんが、法令違反の事実があったことの証拠です。労働基準監督官には、司法警察官の職務権限があることから是正勧告に対して不誠実な対応、無視、虚偽の報告をすると大変面倒な結果をもたらすことを覚悟してください。

9 問題のある職員への対処方法

（1）遅刻の常習者への対処
　わずか5分であっても、決められた時刻に労務提供しないということは、労働者の債務不履行となります。どんなに仕事ができる優秀な職員であっても、他の職員への影響を考えるならば目をつぶるべきではありません。その処分として、
　㋐　始末書の提出を求める
　㋑　遅刻時の賃金をカットする
　㋒　さらに改まらないのであれば出勤を停止する
などが考えられます。最終的な手段である解雇には、「度重なる遅刻により正常な労務が提供されない」という客観的な事実を証明しなければならず、
　・勤怠記録を保存しておくこと
　・遅刻の都度注意し、その指導内容を記録、保管しておくこと
等が必要です。
　なお、遅刻常習者への指導にあたっては、遅刻したその場で叱るべきです。遅刻の理由を問い質すのはその後です。そして、ただ単に叱るだけでなく「周囲の人達がチームの一員としての貴方をどのように見ているか」を気づかせてあげることが重要です。

(2) 事業所に相応しくない身なり・服装の者への対処

「福祉・介護サービスの関連事業に相応しい身なり・服装」の判断が難しいところです。利用者から度々不快感を指摘される、担当者の変更を要求されるなど、業務に支障をきたしているという客観的な事実がなければ改善を促すことはできないでしょう。日々、職員としての常識的な身なり・服装・就業態度について注意し、指導することによって気づかせるしかありません。

なお、女性職員に対する注意、指導については、セクシャルハラスメント（参照：第4章11）に対する配慮が必要です。その際には先輩・同僚の女性職員を同席させるべきでしょう。

(3) 能力不足の試用者への対処

即戦力を期待して、中途採用で6か月の試用期間を定めて雇い入れたが、明らかに能力不足であることから本採用としないケースです。しかし、試用期間の初日で労働契約の効力が発生しています。即時解雇が可能である入社後14日以内の「試みの使用期間」の者と「試用期間」の者とは異なります。したがって、本採用拒否、すなわち解雇となります。正職員と同様の解雇手続きが必要です。

また、能力不足の客観性が問われます。試用期間は、職員の資質を見定めるのと同時に使用者が積極的に教育、指導する期間とも見なされています。能力不足と判断したら本採用にしないことへの事前説明が必要です。

なお、一般的には、能力不足というよりも上司、先輩に反抗的であることや勤怠不良のケースが多いようです。その解雇への労力を考えるならば、採用時における十分な人物評価をすべきでしょう。

(4) 同僚との協調性を欠く職員への対処

　経験も能力も高いのですが、協調性がなく同僚とのトラブルが絶えず、チームワークを乱す職員への対処です。見て見ぬ振りが最もいけない対応です。その職員を放置することによって他の職員がまとまって退職した事例もあります。

　協調性の欠如は普通解雇の事由として認められていますが、協調性の有無を客観的に判断することは難しいことです。解雇ともなればなおさらその客観的事実を立証しなければなりません。福祉・介護サービスの関連事業は、チームワークが求められる職場です。チーム内での人間関係が上手くいかなかった結果、サービスが低下し、利用者の安全が脅かされることはあってはならないことです。チームで協力することが不可欠であることを指導し、改善の努力を促す積み重ねが重要です。

(5) 残業を拒否する職員への対処

　残業があるとわかっていても、何かと理由をつけてさっさと帰り支度をする職員への対応です。まじめに残業している他の職員に対しても示しがつきませんし、チームワークを乱す一因となります。

　使用者は、業務の必要性があり、かつ「時間外労働・休日労働に関する協定」（通称、三六協定）（参照：第4章4（4））の範囲内ならばいつでも残業を命令することができます。ただし、三六協定が労使間で締結され、労働基準監督署に届け出てあることが条件です。残業は業務命令であると認識させてください。育児期間中、介護期間中、あるいは個人的に切迫した理由があるのならば、残業をさせない措置も必要でしょう。問題となるのは、残業がある勤務とは聞かされていない職員にいきなり残業を強いるよ

うなケースです。採用の段階、または労働条件を明示する段階で、時間外・休日残業のおおよその時間数を伝えておくべきでしょう。

(6) 研修の常習的未受講者への対処

　事業所で毎週1回の研修を実施しているが、何かと理由をつけていっこうに受講しない職員への対処です。

　事業所の研修が所定労働時間内に実施され参加が義務づけられているのであれば、その研修は業務であり労働時間です。したがって、欠席することは業務命令違反であり、懲戒処分の対象です。また、所定労働時間外に実施し参加を義務づけるならば、受講時間は時間外賃金の支払い義務も生じます。

　なお、強制参加であるにもかかわらず欠席者が多いということは、それなりの理由があるはずです。研修の内容や運営方法を見直す必要があります。形骸化した研修は時間の無駄です。

(7) 退職後の守秘義務違反者への対処

　退職した元職員が利用者の個人情報を漏洩した場合、その元職員に責任を問うことができるかという問題です。責任を問うためには、退職時に誓約書（**参考資料-④**）を取得しておくべきです。また、退職金規定には、退職時に懲戒解雇に相当する事実があると判断される場合は退職金の支給を保留する条項、退職後に懲戒解雇に相当する事実が判明した場合は退職金を支給しない旨の条項を規定しておくべきです。この契約、規定があれば、事業所としての信頼こそ失いますが、元職員に損害賠償を求めることもできます。ただし、そのためには秘密の漏洩により利用者およびその家族に損害が発生した事実と、退職した職員との因果関係が立証されなければなりません。

第4章

就業管理
－質向上と働きがいのある職場環境の整備

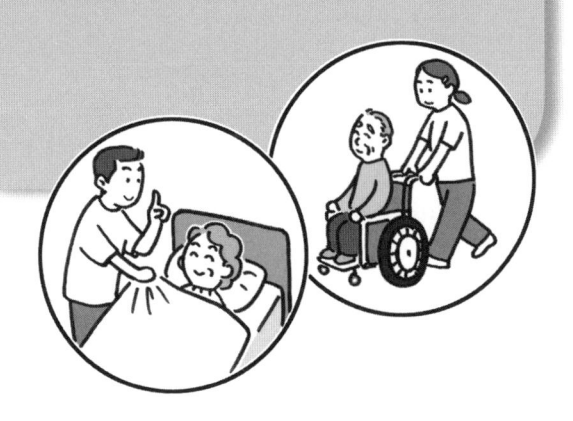

就業管理とは、勤務形態、労働時間、休日や休暇、休業などまさに現場での労働に関するマネジメントをいいます。個人重視型の欧米と異なり、組織重視型の日本では、経営組織体としての就業に関するルールとそのマネジメントが必要となります。しかし、ライフスタイルである「仕事」と「生活」のバランス（ワークライフ・バランス）の変化、勤労意欲の変化、そして急速なＩＴ化の進展によるビジネス環境の変化などから就業形態に関する労働者の意識も変わりつつあり、自律的で自由度の高い働き方を求める傾向が強くなってきています。

　このような状況の中で、福祉・介護サービス関連業務の業務品質と生産性の向上、そして同時に職員の働きがいのある職場環境を整備する観点から労働時間や休日などの就業形態を考えなければなりません。

1 労働時間・休憩時間

（1）労働時間

　労働時間とは、「労働者である職員が使用者（事業主）に対して労務を提供し、使用者の指揮監督下にある時間のことであり、拘束時間から自由に過ごし得る休憩時間を除いた時間」です。使用者の指揮命令下にあるかどうかがポイントです。したがって、労働時間の起算点は、時間、場所、行動、業務遂行方法等に関する使用者の指揮命令下に入ったと見られる時からをいいます。作業をせず待機している時間も労働時間に含まれます。

　図表４－１が福祉・介護サービスの関連事業における労働時間を表したものです。

① 事業場（事業所）外での労働時間

訪問介護の業務は、常に使用者の目の届く事業場内で働くとは限りません。そこで、労基法では労働者が労働時間の全部または一部を事業場外で労働した場合において「労働時間を算定し難い

図表 4-1 介護事業における労働時間

区分	場所	項目	内訳	
拘束時間	事業場外	介護サービス時間		
		移動時間		
		交通機関の乗車時間	みなし労働時間	休憩時間
		休憩時間		
		私用時間		
	事業場内	作業の準備・後始末時間	使用者の明示、黙示の指揮命令	労働者の自由任意
		更衣時間	業務命令 職場慣行	労働者の自由任意
		介護サービス時間		
		待ち（待機）時間		
		労働者の自発的な残業時間	命令・使用者容認	命令なし・否認？
		朝礼・研修・会議・小集団活動時間	強制参加	自由参加
		健康診断の受診時間	特殊健康診断	一般の健康診断
		私用時間		
		組合活動時間		
		自由時間		

凡例：■労働時間　■みなし労働時間　□労働時間外

103

時は所定労働時間労働したものとみなす」としています。これを「事業場外のみなし労働時間制」といいます。(参照：第4章5)

② 移動時間・交通機関の乗車時間

　事業場、集合場所、利用者宅の相互間を移動する時間については、使用者が業務のために必要な移動を命じ、かつ労働者である職員にその時間内での自由利用が認められていない場合は労働時間となります。ただし、その移動が交通機関を利用しての長時間の移動であった場合は、その間は一般的には休憩時間であり、労働時間にならないと解されています。一方、自動車で移動する場合は、自ら運転しているといっても交通機関の利用と同一視されます。しかし、介護機器、設備等を運搬する場合の運転業務は労働時間となります。

　直行直帰の場合において、

| 自宅 ➡ 訪問先(A宅) ➡ 訪問先(B宅) ➡ 訪問先(C宅) ➡ 自宅 |
| （通勤）　　　（移動）　　　（移動）　　　（通勤） |

の場合、最初の訪問先が業務開始、最後の訪問先が業務終了となるので、原則として労働者である職員の裁量に委ねられていると判断されます。これは「事業場外のみなし労働時間」に該当し、当日の所定労働時間勤務したことになります。しかし、労働時間を管理するリーダーとともに業務を行っている場合や携帯電話などによって常時使用者の指揮命令を受けながら業務を行っている場合は、「事業場外のみなし労働時間」には該当しません。

　また、

| 自宅 ➡ 事業場(事業所) ➡ 訪問先(A宅) ➡ 訪問先(B宅) ➡ 自宅 |
| （通勤）　　　（移動）　　　（移動）　　　（通勤） |

のように、一旦、事業場である事業所へ出勤する場合において、事業所で当日の訪問先、訪問時間、介護サービス内容等の具体的な指示を受けるのであれば、通常の内勤職員同様に労働時間を把握しなければなりません。しかし、事業所への出勤後であっても、具体的な指示を受けない場合は「事業場外のみなし労働時間」となります。

　移動時間は、介護保険法における報酬対象時間と異なるため、使用者側が労働時間として認めて賃金を支払うかどうかは、経営上の観点からも苦慮されるところです。介護サービスの実施１時間当たりは〇〇円、移動１時間当たりは××円（最低賃金）と、異なった賃金算出額とする事例もあります。

③　待機時間

　使用者が急な需要等に対応するため職員に事業場等での待機を命じ、その待機している時間の自由利用を職員に認めていない場合は、労働時間となります。

④　作業の準備・後始末時間

　使用者の指揮命令下で行われる作業に必要な準備や業務報告書の作成等は労働時間となります。

⑤　更衣時間

　施設や介護先で業務に必要なユニフォームの着用を義務づけている場合、また、それが職場慣行である場合の更衣時間は、労働時間と解釈すべきです。

⑥ 職員の自発的な時間外労働（残業）

　必要もないのに勝手に長い時間居残って「残業代稼ぎ」をされても困ります。残業や早出は上司の指示命令が建前です。しかし、現実的には事後承認となるケースがほとんどでしょう。労働時間を把握する義務は、事業所の使用者側にあります。自発的な時間外労働（残業）の放置は黙示の命令と解されることもありますので注意が必要です。また、労働基準監督署では、過重労働とサービス残業（賃金不払い残業）解消のための取り組みを強化しています。

⑦ 朝礼・研修・会議・小集団活動

　朝礼、研修、会議、小集団活動については、その内容と業務との関連性が強く、かつ参加を強制するものであれば、明示であれ黙示であれ労働時間となります。

⑧ 健康診断の受診時間

　一般の健康診断の受診時間は、業務遂行との関連性が低いため労働時間とはなりませんが、労働者の健康確保は円滑な事業運営に不可欠なことから、労働時間とすることが望ましいとされています。なお、午後10時～午前5時までの深夜業に従事する職員は、特殊健康診断の対象となります。特殊健康診断の受診時間は、業務遂行との関連性が高いことから労働時間となります。

　福祉・介護サービス、特に訪問介護サービスは、その需要が特定した時刻に集中することや利用者の都合により予約時間が変更されることなどの理由から就業する時刻を一定化しづらい業務です。使用者側においては、職員をどの時間帯にいかに配置するか

が課題ですが、職員側においては、気持ちの切り替えなどで強いられる身体的、精神的緊張をいかに解消するかが課題となります。労働時間の変更を伴う勤務表の変更などは、その連絡時期、連絡方法、賃金などの処遇を予め明確にルール化しておくことが望まれます。

(2) 休憩時間

休憩時間とは、拘束時間のうち、労働者が労働から離れることを保障されている時間です。いつでも就労できるように待機している時間は、休憩時間ではありません。

① 休憩時間の長さ
　㋐　労働時間が6時間以下の場合　　：付与しなくてもよい
　㋑　労働時間が6時間を超える場合：少なくとも45分を労働時間の途中に付与
　㋒　労働時間が8時間を超える場合：少なくとも60分を労働時間の途中に付与

しなければなりません。したがって、1日8時間労働の場合は、労働時間の途中（労働時間の始めや終わりに付与することは不可）に少なくとも45分以上の休憩を付与することになります。

また、生後満1年に達しない生児を育てる女性は、通常の休憩時間の他に1日2回それぞれ少なくとも30分以上の育児のための授乳や搾乳の時間を請求することができます。

なお、休憩時間の長さに関する定めはありませんが、あまりに長いと拘束時間が長くなることから、募集活動に悪影響が出るでしょう。

② 一斉休憩の原則
　労基法では、「休憩時間は一斉に与えなければならない」と定めていますが、福祉・介護サービスの事業所の場合は、その業務の性質上一斉休憩の適用は除外され、交替制による休憩や事業場外での自主的休憩も認められています。

③ 自由利用の原則
　休憩時間は、労働から離れることを保障されている時間であることから、労働者は自由に利用することができます。しかし、休憩時間も拘束時間の一部であることから、休憩の目的を損なわない限り必要な制約を設けることについては差し支えありません。
　また、休憩時間中の電話応対や来客応対については、その時間がわずかであり強制でなければ、労働時間とはなりませんが、当番として居残る場合は待機時間としての労働時間となります。

(3) 労働時間の把握
　使用者は、管理監督者やみなし労働時間制が適用される職員を除くすべての職員の労働時間について、適正に把握する責務があります。そのために使用者が講ずべき措置としては、次の事項が求められています。
① 始業・終業時刻の確認および記録
② 上記①の確認および記録の方法
　1）使用者自らが現認すること。
　2）タイムカード、ＩＣカード等の客観的な記録を基礎として確認すること。
　3）やむを得ず自己申告により記録する場合は、
　　・労働者に労働時間の記録に対する十分な説明を実施すること。

・必要に応じ、実態調査を実施すること。
・労働者の適正な申告を阻害しないこと。
③ 労働時間の記録に関する書類の保存
　3年間保存すること。
④ 労働時間を管理する者の責務
　労務管理の責任者は労働管理上の問題点の解消に努めること。

(4) 法定労働時間

労基法では、
① 使用者は、休憩時間を除き1週間に40時間を超えて労働させてはならない（1週間とは、就業規則等に定めがない限り、日曜日から土曜日までの歴週）
② 使用者は、1週間の各日については、休憩時間を除き1日について8時間を超えて労働させてはならない（1日とは、午前0時から午後12時までの歴日）

と規定しています。ただし、常時10人未満の労働者を使用する小規模の福祉・介護サービスの事業所であれば「1週間44時間、1日8時間」とする特例措置の適用を受けることができます。

したがって、福祉・介護サービスの事業所においては、
㋐ 常時10人以上の場合は、週40時間
㋑ 常時10人未満の場合は、週44時間

の2つの法定労働時間が存在することになります。類似した言葉に「所定労働時間」があります。所定労働時間とは、「1日7時間、1週35時間」というように、法定労働時間内で使用者が就業規則等で定めた労働時間です。

しかし、現実的には労基法で定める1日8時間、週40時間、または44時間の労働時間内で業務を完了することなどできません。

そこで労基法では、予め労使協定を締結し所轄労働基準監督署へ届出ることによって、「法定労働時間を超える時間外労働、法定休日における休日労働」を認めています。この労使協定を労基法第36条に基づくことから「三六協定」と称しています。

なお、災害や通常発生の予測が困難な事故等の事由により臨時的に時間外・休日労働させることが必要になった場合には、「三六協定」によることなく行政官庁の許可・認定によりその必要限度まで労働させることができます。

2 変形労働時間制

労基法では、労働時間を弾力的に設定する制度も認めています。仕事の繁閑に応じて労働時間を変える変形労働時間制は適切な労働力の配分、労働時間の短縮、年間休日日数の増加などを可能とします。

変形労働時間制には、
㋐　1か月以内の単位の変形労働時間制
㋑　1年以内の単位の変形労働時間制
㋒　フレックスタイム制
㋓　1週間単位の非定型的変形労働時間制

があります。福祉・介護サービスの事業所で一般的に採用されている制度は「1か月単位の変形労働時間制」「4週単位の変形労働時間制」「1年単位の変形労働時間制」「フレックスタイム制」です。

(1) 1か月単位の変形労働時間制・4週単位の変形労働時間制

1か月以内の一定の期間を平均して1週間の労働時間が40時

間（特例措置の事業所は44時間）を超えない範囲において、1日および1週間の法定労働時間の規制にかかわらず、これを超えて労働させることができる労働時間制度です。たとえば、月・水・金曜日は1日10時間の実労働、火・木は1日5時間の実労働とするような場合です。

その導入要件は、以下の通りです。
① 労使協定（労働基準監督署への届出）、または就業規則等にて変形労働時間制の採用を定めること（就業規則等に定めた場合は、届出は不要）
② 1か月単位の変形労働時間制では、1か月を平均し1週間の労働時間が週の法定労働時間を超えない定めとすること
 ・週法定労働時間
  （計算式：40時間または44時間×変形期間の歴日数÷7）
   31日の月＝177.1時間（特例措置：194.8時間）
   30日の月＝171.4時間（特例措置：188.5時間）
   28日の月＝160.0時間（特例措置：176.0時間）
 ・4週単位の変形労働時間制と比較して賃金管理と労働時間管理との整合性がとれる時間
③ 4週単位の変形労働時間制では、4週間を平均し、1週間の労働時間が週の法定労働時間を超えない定めとすること
 ・起算日を一度設定すると将来もその起算週を第1週として4週ごとに区切る時間制
 ・週法定労働時間
  4週間単位＝160.0時間（特例措置：176.0時間）
 ・国民の祝日等を含め4週8休とすることが一般的
④ 週法定労働時間を超える「特定の週」、または1日8時間を超える「特定の日」を定めること

⑤ 労使協定、または就業規則等において変形労働時間の起算日を明らかにすること

(2) 1年以内の単位の変形労働時間制

　季節等によって業務に繁閑の差がある場合に、1年以内の一定期間を平均して1週間当たりの労働時間が40時間以下の範囲内において、特定の日または週に1日8時間または1週40時間を超えた一定の限度で労働させることができる労働時間制度です。

　なお、常時10人未満の小規模事業所における44時間の特例措置は適用されません。また、1日の労働時間が10時間を超える場合には、1年単位の労働時間制は採用できません。したがって、特別養護老人ホームなどの夜勤体制で午前0時をはさんで労働時間が10時間を超えてしまうケースなどには採用できません。

　その導入要件は、以下の通りです。

① 労使協定で1か月から1年以内の一定期間（対象期間）を平均し、1週間の労働時間が40時間を超えない範囲の定めとすること

　・40時間×対象期間の総日数÷7
　　　1年　（365日）＝ 2085.7時間
　　　6か月（183日）＝ 1045.7時間
　　　4か月（122日）＝ 　697.1時間
　　　3か月（ 92日）＝ 　525.7時間

② 対象期間について3か月を超えるものと定めたときは、原則として労働日数を280日以内（休日85日以上）とすること

③ 労使協定で、週法定労働時間を超える「特定の週」、または1日8時間を超える「特定の日」を定めること

④ 1日、1週および連続労働日数の設定において以下の基準を

遵守すること
- ㋐　1日の上限時間：10時間
- ㋑　1週間の上限時間：52時間
  ただし、対象期間が3か月を超えるときは
  ・対象期間において、労働時間が48時間を超える週が連続する時は、その週の数が3以下であること
  ・対象期間をその初日から3か月ごとに区分した各期間において、労働時間が48時間を超える週の初日の数が3以下であること
- ㋒　連続して労働させることのできる日数
  ・通常の期間は6日
  ・特定期間は1週1日の休日の確保（連続12日間の連続労働が可能）
⑤　特定期間を定めること
⑥　対象労働者の範囲を定めること
⑦　起算日を明らかにし、有効期間を定めること
⑧　労使協定の内容を所轄労働基準監督署に届け出ること

　なお、対象期間内での途中入社、途中退職者の場合は、その実労働時間を平均して40時間を超えて労働した部分が時間外労働となります。

(3) フレックスタイム制

　フレックスタイム制は、1か月以内の一定の期間の総労働時間を定めておき、労働者がその範囲内で各日の始業および終業の時刻を自ら決定する制度です。組織的な労働の必要性がないケアマネジャーなどの職員が対象となる労働時間制であり、一般的には福祉・介護サービスの事業所において馴染みにくい制度です。

その導入要件は、以下の通りです。
① 労使協定で、適用労働者の範囲の定めをすること
② 清算期間（1か月以内）を定めること
③ 清算期間における総労働時間を定めること
・総労働時間＝週の法定労働時間（40時間または44時間）× 1か月の歴日数÷7
・総労働時間を平均し、1週間の労働時間が週の法定労働時間を超えないこと
④ 1日の標準労働時間を定めること
・8時間を超えない範囲
⑤ コアタイム（労働者が1日のうちで必ず働かなければならない時間帯）、フレックスタイム（労働者が自らの決定により労働する時間帯）を定める場合は、その開始および終了時刻を定めること

3 休日、休暇

(1) 休日と休暇

休日と休暇には、
㋐ 休日：予め労働義務がないと定められた日
㋑ 休暇：労働義務のある日について労働義務の免除を使用者に申し出て承認された日
の相違点があります。

(2) 休日の原則

使用者は労働者に対し、毎週最低1回の法定休日を与えるよう義務づけられていますが、4週間を通じ4日以上の休日を与える

変形休日制を採用することも可能です。

休日は、暦日（午前0時～午後12時）の休みですが、3交替制勤務などの場合は、継続して24時間以上の休みでないと休日の扱いとはなりません。

(3) 振替休日と代替休日

休日に勤務した替わりに休みを取る制度には「振替休日（振休）」と「代替休日（代休）」とがあります。

① 振替休日（振休）

休日に労働する前に、予めその休日を他の労働日に振り替えておく制度です。就業規則等でその旨の規定を定めておくこと、ならびに予め振り替えるべき日を特定することが条件となります。この「振休」の場合には、休日労働としての割増賃金の支払義務はありません。

② 代替休日（代休）

休日に労働した後に、その代償措置として休日労働日以後に休みを取ることができる制度です。この「代休」の場合は、既に休日労働が行われているため、休日労働としての割増賃金の支払義務が生じます。

③ 代替休暇

「代替休日」と類似した言葉ですが別個のものです。大規模事業所おいては、1か月60時間を超える時間外労働の法定割増賃金率は、現行の25％以上から50％以上に引き上げられました。（参照：第4章4）

代替休暇とは、この上乗せ部分25％以上の割増賃金の支払いに代えて、有給の休暇を付与する仕組みです。なお、この導入に当たっては、代替休暇の時間数の算定方法や休暇取得の単位、休暇取得日の決定方法などについて労使協定を締結する必要があります。
　この代替休暇制度は複雑なため、「残業代は、働いた分きちんと賃金で支払うもの」と割り切って考えたほうがよいでしょう。

(4) 独自の特別休暇制度

　仕事に追われた生活から一時的に解放し、自分の好きなことをしてもらうことによって心身ともどもリフレッシュし、仕事に対するモチベーションアップを図ることを目的とした特別休暇制度が増えています。長期休暇制度の採用は、労働時間の短縮にもつながります。その制度には、リフレッシュ休暇、ボランティア休暇、チャレンジ休暇など様々なものがあります。長期休暇制度の有無は、離職率を低減するだけでなく、採用活動においても大きなアピールポイントとなり効果があります。1週間～2週間程度の連続休暇を与えるなど思い切った打ち手も検討したいものです。

4　時間外労働、休日労働および深夜労働

(1) 時間外労働（残業）と休日労働の種類（非常時を除く）

　時間外労働には「法定内時間外労働」と「法定外時間外労働」とがあり、休日労働には「法定休日労働」と「法定外休日労働」とがあります。

①　法定内時間外労働

　休憩時間を除く実労働時間が1日8時間、週40時間以内の場合の時間外労働をいいます。

事業者が定めた所定労働時間を超える時間外労働でも、8時間を超えない時間外労働時間は、割増賃金（参照：第5章3（6））の支給は不要です。たとえば、事業所が定めた所定労働時間が7時間で、1時間の時間外労働を命じた場合は、法定労働時間である8時間を超えないので、割増賃金支給の必要はありません。

② 法定外時間外労働

休憩時間を除く実労働時間が、1日8時間、週40時間を超える場合の時間外労働をいいます。法定外時間外労働においては、割増賃金を支払わなければなりません。その割増率は平成22年4月から、以下の通りです。

㋐ 1か月45時間以下の場合：25％以上
㋑ 1か月45時間〜60時間以下の場合：25％を超える率とする努力義務
㋒ 1か月60時間を超える場合：50％以上（当分の間、大規模事業所のみ）

なお、大規模事業所とは法人単位、個人事業主単位で常時使用する労働者数が100人を超え、かつ資本金・出資の額が5,000万円を超える事業所です。

図表 4-2　時間外労働時間の考え方

9:00　10:00　11:00　12:00　13:00　14:00　15:00　16:00　17:00　18:00　19:00　20:00

拘束時間				
労働時間	休憩時間	労働時間		
法定労働時間	休憩時間	法定労働時間（1日8時間の場合）		法定外時間外労働時間
所定労働時間	休憩時間	所定労働時間（1日7時間の場合）	法定内時間外	法定外時間外労働時間

③ 法定外休日労働

4週4休の法定休日でない休日に労働する場合の休日労働をいいます。

割増賃金の支給は不要です。たとえば、週休2日制の場合、休日2日のうち1日は法定休日でないため、休日労働の割増賃金支給の必要はありません。ただし、就業規則等に法定休日の日を明記しておくべきでしょう。

④ 法定休日労働

4週4休の法定休日に労働する場合(振休を取得した場合を除く)の休日労働をいいます。法定休日労働においては、35%以上の割増賃金を支給しなければなりません。

下記のカレンダーのような時間外労働が行われた場合
- 1か月の起算日は毎月1日。休日は土曜日及び日曜日、法定休日は日曜日(法定休日労働の割増賃金率は35%)とする。
- 時間外労働(平日及び土曜日)の割増賃金率は以下の通りとする。
  ・45時間以下=25%　・45時間超~60時間以下=30%
  ・60時間超=50%
- カレンダーの太字は時間外労働時間数。

日	月	火	水	木	金	土
	1 **5時間**	2 **5時間**	3	4 **5時間**	5 **5時間**	6
7 **5時間**	8 **5時間**	9	10 **5時間**	11	12 **5時間**	13 **5時間**
14	15	16 **5時間**	17	18 **5時間**	19	20
21	22 **5時間**	23 **5時間**	24 **5時間**	25	26	27
28 **5時間**	29	30 **5時間**	31			

月45時間を超える時間外労働

月60時間を超える時間外労働

割増賃金率は、日曜日を法定休日と定めているので、以下の通りとなります。

◇時間外労働(45時間以下)　　1・2・4・5・8・10・12・13・16日 = 25%
◇時間外労働(45時間超〜60時間以下)　　18・22・23日 = 30%
◇時間外労働(60時間超)　　24・30日 = 50%
◇法定休日労働　　7・28日 = 35%

(2) 深夜労働

深夜労働とは、午後10時〜午前5時までの間の労働のことをいいます。時間外労働と異なって、深夜労働させるための労使協定の締結までは求められていませんが、25％以上の割増賃金は支給しなければなりません。

(3) 育児、介護中の時間外労働、深夜労働の制限

職員が就業しつつ小学校就学前の子を養育する場合、または要介護状態にある家族を介護する場合において、その職員から申し出があった時は、事業の正常な運営を妨げる場合を除き、深夜業は禁止され、時間外労働も1か月24時間、1年150時間に制限されます。

(4) 時間外労働の限度に関する基準

労使当事者が「三六協定」を締結するにあたって、遵守すべき時間外労働の限度時間は図表4-3のように定められています。

図表 4-3　一定期間の時間外労働の限度

期　　間	限　度　時　間	
	通常の労働者の場合	3か月を超える1年単位の 変形労働時間制の場合
1週間	15 時間	14 時間
2週間	27 時間	25 時間
4週間	43 時間	40 時間
1か月	45 時間	42 時間
2か月	81 時間	75 時間
3か月	120 時間	110 時間
1年間	360 時間	320 時間

(5) 時間外労働と休日労働の適用除外者

週40時間、1日8時間労働時間の原則、休日の原則を適用することが適切でない者として、「監督若しくは管理の地位にある者、又は機密の事務を取り扱う者」があります。

ここでいう「監督若しくは管理の地位にある者（管理監督者）」とは、

㋐　経営方針の決定に参画する、労務管理上の指揮権限を有する等、経営者と一体的な立場にある者

㋑　出退勤について厳格な規制を受けず、自由裁量を有する地位にある者

㋒　役職手当の支給など管理監督者としての地位にふさわしい待遇がなされている者

であり、その判断は、役職の名称の如何にかかわらず、職務内容、責任と権限、勤務態様等の実態をもって判断します。「課長」だ

からといって直ちに労基法上の管理監督者に該当するとは限りません。

また、「機密の事務を取り扱う者」とは、秘書その他の職務が経営者、または管理監督者の活動と一体であって、出退勤について厳格な制限を受けない者をいいます。

なお、午後10時〜午前5時までの深夜労働については、両者とも適用除外となりません。

(6) 日直・宿直業務

特別養護老人ホームなどの施設サービスにおいては、日直・宿直業務の必要性が生じます。この日直・宿直業務とは、原則として定時巡視、緊急文書・電話の収受、非常事態発生に備えて待機するもので、常態としてほとんど労働する必要のない勤務をいいます。

日直・宿直勤務を行う場合は、所轄労基署長に「断続的な宿直又は日直勤務許可申請書」を提出し、許可を得なければなりません。その許可においては、

㋐ 原則として、通常勤務における労働は行わず、定期的な巡視、緊急の文書または電話の収受、非常事態に備えての待機等を目的とするものであること

㋑ 宿直の場合は、通常の勤務時間から完全に解放された後のものであり、夜間に十分睡眠がとれること

㋒ 宿直、日直の勤務回数が原則として、宿直勤務は週1回以下、日直勤務は月1回以下であること

㋓ 1回の宿直手当は、宿直勤務に就くことが予定されている同種の職員の1人1日あたり平均賃金額の3分の1以上であること

㋔　満18歳に満たない年少者には行わせないこと

の基準を満たさなければなりません。したがって、2交替制、3交替制の夜間勤務者などその職員の本来業務の延長と考えられるような場合については宿直の許可を得ることはできません。労基署長の許可を得たならば時間外労働、休日労働として扱う必要がなくなります。ただし、宿直中に突発的な事故などによって昼間と同じように労働した場合の時間については、時間外労働の割増賃金を支払う義務が生じます。

　なお、宿日直手当については、所得税法で勤務1回につき4,000円までは非課税の扱いとしています。

　また、宿直業務のみ高齢者等に委託するケースがあります。通常の日勤業務をしていないものが宿直業務だけを担当した場合には、「断続的な宿直又は日直勤務許可申請書」ではなく「監視・断続労働に従事する者に対する適用除外許可申請書」並びに「断続的労働に従事する者の最低賃金の減額の特例許可申請書（個人）」を都道府県労働局へ提出することになりますのでご注意ください。

(7) 時間外労働の現状

　『平成25年度介護労働実態調査』（(財)介護労働安定センター）から見る1週間の時間外労働（残業）の現況は図表4－4、5の通りです。

　残業なしが、正規職員で約51％、非正規職員で74％の現況です。しかし、人手が足りない中、介護に思い入れのある職員は、その善意から時間外労働を自ら申請しない場合もあるようです。

図表 4-4　1週間の残業時間（正規職員）

- 残業なし　51.2%
- 5時間未満　24.5%
- 5～10時間未満　13.6%
- 10時間以上　7.3%
- 無回答　3.4%

出典：介護労働実態調査

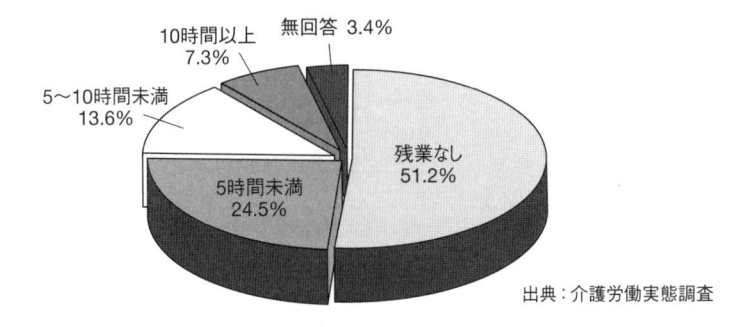

図表 4-5　1週間の残業時間（非正規職員）

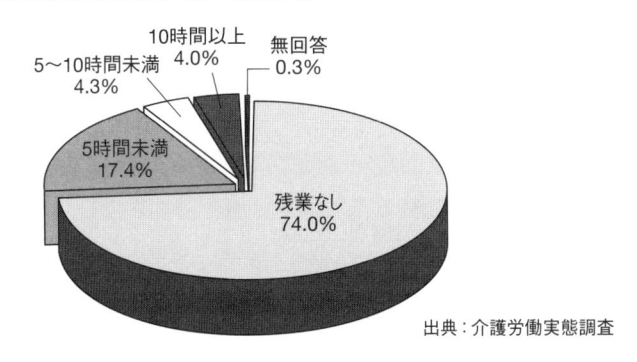

- 残業なし　74.0%
- 5時間未満　17.4%
- 5～10時間未満　4.3%
- 10時間以上　4.0%
- 無回答　0.3%

出典：介護労働実態調査

(8) 労働時間の短縮

　人件費コストも重要ですが、労働時間の短縮は、労働者に時間的なゆとりを与えるだけでなく、勤労意欲の向上による生産性のアップや人件費の削減など経営改善につながる効果を発揮します。子育てを終えた女性労働者を活用するためにも、時間外労働（残業）時間の少ない働きやすい職場づくりは重要です。今までと同じ業務量を確保しつつ1人当たりの労働時間を減らそうとするならば、生産性を上げるか、人員を増やすかの2つの施策しかありません。様々な福祉・介護のニーズに応えるため時間外労働

(残業)時間が増加する傾向にあるなか、業務品質を維持、向上しつつ、いかに生産性を高め、いかに人件費を賄うかを検討することは、福祉・介護サービスの事業における経営課題の1つです。経営者、理事長、事務長などのリーダーシップが求められるところです。そのためには、時間外労働の現状を分析し、その打ち手が必要です。

図表4-6は、時間外労働が生じるパターンを表しています。「付き合い型」「独りよがり型」「抱え込み型」については組織風土としての対策が求められます。また、「生活維持型」「後ろめたさ型」「ダラダラ型」「成り行き型」「自己満足型」は、個人の意識を変えてもらわなければなりません。この中で許容されるのは、「がむしゃら型」。若い時はがむしゃらに働く中で、力がつき、やりたいことが見つかるための時間となり得ます。この時間分

図表 4-6　時間外労働が生じるパターン

型	内容	分類
付き合い型	上司・同僚が残っていると帰りづらいので残る	組織風土
独りよがり型	的外れの仕事をして後で修正を迫られ残業に至る	組織風土
抱え込み型	自分の居場所を守るため同僚に仕事を任せず残業が増える	組織風土
生活維持型	生活費やローン返済に残業代を充てているので帰れない	個人の意識
後ろめたさ型	成果を上げる人が長く働いているので仕事はなくても帰りづらい	個人の意識
ダラダラ型	仕事中の密度が低くダラダラ働いている	個人の意識
成り行き型	計画性がなく、締め切り間際に残業が続く	個人の意識
自己満足型	メリハリが分からず全てを120%に仕上げたくて時間がかかる	個人の意識
がむしゃら型	早く一人前になりたい若手が残業を繰り返す	投資

出典:日本能率協会総合研究所　広田薫主幹研究員の資料

は、将来への投資として捉えなければならないでしょう。

その打ち手としては、組織の風土と個人の意識を変えることです。そのためにどのようなアプローチがあるか見てみましょう。

① **組織風土へのアプローチ**
　㋐　「長時間労働が成果を上げるわけではない。生産性を上げることが自らのスキルアップにもつながる」と執拗に意識づける。
　㋑　「残業命令簿」等を用いて業務内容とその必然性、指示する職員の能力、完了までの必要時間等を考慮して、マネジャーが事前に残業を指示することを徹底する。
　㋒　最終期限に至る要所、要所で締め切り期限を決めた計画を立てる。そしてその要所ごとでの途中経過、進捗状況の報告を求める。
　㋓　どこの職場でも無駄な会議、ダラダラ会議が多いもの。予め会議等の時間を設定し、事前に資料等は配布しておき、直ちに本題に入れるようにする。
　㋔　各個人が作成した資料などは、全員が共有化できる仕組みを作る。
　㋕　マネジャーは部下の現行の仕事内容、進捗状況に常日頃から関心を持って把握しておく。
　㋖　「ノー残業デー」を設定してみる。
　㋗　月間の残業累計時間が一定時間を超えた場合、マネジャーと本人に警告を発する。
　㋘　変形労働時間制の採用を検討してみる。
　㋙　夜間勤務を常態とする職員の配置を検討する。
　㋚　賃金体系（定額残業代、年俸制等）を検討してみる。

② 個人意識でのアプローチ
　㋐　１日のやるべき仕事に優先順位を付けてリストアップする「段取り」を習慣づける。
　㋑　自分の知識・知恵・経験だけに止まらず、積極的に同僚、先輩の助言、上司の指導を仰ぐ。
　㋒　独断で仕事を進めるのではなく、上司に途中経過などを報告して、今後の仕事への微調整・修正を図る。
　㋓　過去の資料、他職員の作成した資料等、利用できるものはできる限り活用する。
　㋔　仕事の成果はチームとして最大にしなければならないものと認識する。
　㋕　残業時間は減らせないと決めつけるのではなく、無駄な業務がないか今一度業務内容を冷静に点検してみる。

5 事業場外労働に関するみなし労働時間制

　労働者が労働時間の全部または一部について事業場外で業務に従事し、かつ、使用者の具体的な指揮監督がおよばずに労働時間を算定し難い場合、
　㋐　原則として、所定労働時間労働したものとみなす。
　㋑　労働時間の一部について事業場内で業務に従事した場合には、当該事業場内の労働時間を含めて、所定労働時間労働したものとみなす。
　㋒　当該業務を遂行するために通常所定労働時間を超えて労働することが必要な場合は、当該業務の遂行に通常必要とされる時間労働したものとみなす。
　㋓　㋒において労使協定を締結した場合は、その協定で定める

時間の労働とみなす。
　㋓　労使協定で定める時間が法定労働時間を超える場合には、この労使協定を所轄の労基署長に届け出なければならない。

という「みなし労働時間制」が適用されます。しかし、
- 何人かのグループで介護業務に従事する場合で、その中に労働時間を管理するリーダーが存在する場合
- 携帯電話などによって常時使用者の指揮命令を受けながら業務を行っている場合
- 事業場で訪問先、帰社時刻等の具体的指示を受けて事業場外で労働し、その後事業場に帰社する場合

等、使用者の具体的な指揮監督がおよんでいる場合については「算定し難い」事由とは認められず、みなし労働時間制の対象とはなりません。

　訪問介護業務がみなし労働時間に該当するかどうかについては、上記の事由から「算定し難い」業務とは認めづらいでしょう。したがって、労働時間の管理は具体的かつ厳格に実施すべきであると考えられます。

6 年次有給休暇

(1) 付与日数

　雇い入れの日から起算して6か月継続勤務し、全労働日の8割以上出勤した労働者に最低10労働日の年次有給休暇を付与しなければなりません。継続勤務とは、在籍期間を意味し、就業規則上休職とされている期間もその権利は発生します。また、「全労働日の8割以上出勤」の算定においては、産前産後休業、育児・介護休業、業務上の負傷・疾病による休業等やむを得ない休業日

については出勤したものとみなします。

一般の職員に対する付与日数は、以下の通りです。

勤続年数	6か月	1年6か月	2年6か月	3年6か月	4年6か月	5年6か月	6年6か月
付与日数	10日	11日	12日	14日	16日	18日	20日

また、所定労働時間が週30時間未満、かつ週所定労働日数が4日以下、または年間の所定労働日数が216日以下の職員に対しては、以下の比例付与日数となります。

週の所定労働日数	1年間の所定労働日数	雇入れの日から起算した継続勤務期間					
		6か月〜	1年6か月〜	2年6か月〜	3年6か月〜	4年6か月〜	5年6か月〜	6年6か月〜
5日〜	217日〜	10日	11日	12日	14日	16日	18日	20日
4日	169〜216日	7日	8日	9日	10日	12日	13日	15日
3日	121〜169日	5日	6日	6日	8日	9日	10日	11日
2日	73〜120日	3日	4日	4日	5日	6日	6日	7日
1日	48〜72日	1日	2日	2日	2日	3日	3日	3日

なお、付与日数の最高は20労働日までであり、その時効は2年です。

(2) 算定基準日の統一

「雇い入れの日」が年次有給休暇の算定基準日となります。しかし、個々の職員ごとに算定基準日を管理することは事務手続き上煩雑です。そこで、「職員全員の算定基準日を4月1日とする」といったことができます。ただし、入社日から初回の算定日までは法定の基準日以前であっても年次有給休暇を繰り上げて付与しますので、法定日数以上を付与することになります。

(3) 取得方法
① 労働者の時季指定権
　年次有給休暇の取得は、使用者が時季変更権を行使する場合を除いて、労働者が自由に指定した時季に与えなければなりません。なお、取得にあたって、以下の留意点があります。
　　㋐　年次有給休暇は労働義務がある日に取得するものであることから、週休日、休職期間などの労働義務がない日に取得することはできない。
　　㋑　年次有給休暇をどのような目的で取得するかは職員の自由であり、使用者はその利用目的によって年次有給休暇の付与を拒否することはできない。
　　㋒　年次有給休暇を買い上げることはできない。ただし、時効（2年間）や退職で消滅する日数を買い上げることはできる。
　　㋓　年次有給休暇を取得した日について、精勤手当の算定や賞与の支給において労働しなかったとみなすなどの不利益な取り扱いは違法となる。

② 使用者の時季変更権
　職員が指定した時季に年次有給休暇を与えると「事業の正常な運営を妨げる場合」は、使用者はその時季を変更することが認められています。
　福祉・介護サービス事業者における「事業の正常な運営を妨げる場合」とは、通常の職員配置の確保ができない場合等が該当すると思われます。

③ 年次有給休暇の計画的付与
　労働者が自分の業務と調整をしながら年次有給休暇を取得しや

すくするため、労使協定で年次有給休暇を与える時季に関する定めをしたときは、その定めにより一定の日数を計画的に与えることができます。ただし、この計画的付与の対象とできるのは、年次有給休暇のうち5日を超える日数に限られます。

(4) 取得の単位
　取得の単位は、原則1日単位で取得するものとされていますが、労使の合意のもとでは半日単位での取得も可能です。また、別途、労使協定で定めをした場合は、5日を限度に時間単位での取得も可能となっています。

(5) 登録型訪問介護職員（登録型ヘルパー）の年次有給休暇
　登録型訪問介護職員の年次有給休暇付与については、以下の問題があります。
① 　労働契約の多くは、月単位での有期雇用契約です。この雇用形態であれば、年次有給休暇を付与する必要はありません。しかし、その契約が反復更新されている場合には継続勤務としているとみなされます。

② 　登録型訪問介護職員の場合は、一般的に1か月ごとに介護先等の訪問スケジュールが決まります。年次有給休暇とは労働義務がある日に取得するものであることから、労働日が確定した日に取得しなければなりません。しかし、登録型訪問介護職員が承諾して労働日とした日に年次有給休暇を取得することは不自然であり、あえて取得しようとするならば、労働日でない日に付与せざるえないことになります。見方を変えれば、年次有給休暇を買い上げる手当的な賃金が支払われることになります

が、これは違法とはいえないであろうと考えられています。

7 休職制度

　労働者である職員は、労働契約に基づいて労務提供をします。一般的には「事業所に出勤して、組織秩序のもとで組織の一員として労務提供する」形態です。私傷病によるケガや病気で、当初の約束どおり働くことができないことは、労働者側の債務不履行であり、普通解雇事由に該当すると考えられます。

　しかし、一般的には私傷病により労務の提供ができない場合の休職制度が設けられています。これは、私傷病で欠勤が一定期間続いた場合に、一定の休職期間を与え、休職期間満了時に「治癒」していれば復職を認め、「治癒」していなければ雇用契約を解消するという制度です。その意味では、休職制度とは、使用者が労働者に与える一種の恩典であり、解雇の猶予制度ともいえます。

　継続的な労務提供ができないことは本人の責任であり、また、本人だけでなく入所者や利用者、他の職員等にも影響をおよぼすことから、休職を命令し労務の提供を拒否することもできます。その対応は以下の通りです。

① 休職期間中の賃金

　「ノーワーク・ノーペイの原則」に則り無給です。ただし、政府管掌の健康保険である「全国健康保険協会」（以下、「協会けんぽ」という）に加入していれば、労務に服せなかった期間（最大で1年6か月）、「傷病手当金」が支給されます。当然ながら労務に服せないことへの医師の証明を要します。

　なお、「傷病手当金」とは、「被保険者が業務外の事由による病

気やケガの療養のため労務に服することができない時は、4日目以降の労務に服さない期間、傷病手当金として1日につき標準報酬日額の3分の2に相当する金額を支給する」という協会けんぽの給付制度です。

② 「治癒」の意味

　「治癒」とは、「健康時に行っていた業務を支障なく遂行することができる状態にある」ということであり、単に出社できるとか、軽作業ができるという意味ではありません。基本的には、休職ということで普通解雇を猶予し救済していますので、この原則論が維持されます。軽作業の業務に従事させる選択肢もありますが、小規模の事業所においては、その業務を有するとは限りません。もし軽作業に転換することができるのであればそれに越したことはありませんが、当然ながらその業務に見合った賃金となるはずです。

　さらには、使用者側の「安全配慮義務」問題が発生します。安全配慮義務とは使用者が労働者に対して負う義務の1つで、「労働者を雇い入れた使用者は、対価として報酬を支払う義務を負うのみならず、労働者の生命・身体が安全に保たれるよう配慮しなければならない」というものです。私傷病によって業務に支障のあることを知りながら通常の業務を与え、その間に何らかの事故が発生した場合には、本人のみならず事業所も安全配慮に欠けていたとしての違反に問われます。損害賠償等の問題も発生する可能性があります。

③ 「治癒」の判断

　その判断者は、原則として使用者である事業所であり、医師で

はありません。医師は業務の実態を把握しているわけではなく、判断材料として医師の診断書は重要な資料ですが、絶対的な基準とはなり得ません。必要であれば、事業所が指定する医師の判断を求めることができますし、労働者はそれを拒むことはできません。この点については、就業規則等に明記しておきましょう。

8 育児休業制度

1歳に満たない子を養育するために男女職員は育児休業を取得することができます。育児休業の期間は、原則として子供が生まれてから1歳に達する日（誕生日の前日）までの職員が申し出た期間です。「ノーワーク・ノーペイの原則」からその休業期間中の賃金は支給する必要はありません。

(1) 育児休業の対象者

1歳未満の子（法律上の親子関係）を養育する男女職員。なお、有期雇用契約職員においては申し出の時点で以下のいずれにも該当する者であることが必要です。

　㋐　勤続1年以上である有期雇用契約職員
　㋑　子が1歳に達する日までに雇用関係の継続が見込まれる有期雇用契約職員
　　（ただし、子が1歳に達する日から1年を経過する日までに雇用契約期間が満了し、更新されないことが明らかである有期雇用契約職員等を除く）

また、上記にかかわらず労使協定で定められた以下の者については、育児休業の申し出を拒否することができます。

　・勤続期間が1年未満の職員

・申し出の日から1年以内に雇用関係が終了することの明らかな職員
　・1週間の所定労働日数が2日以下の職員

　パパ・ママ育児として、職員の配偶者が職員の育児休業開始日以前に育児休業している場合、職員は子が1歳2か月に達するまでの間で出生日以後の産前・産後休業期間と育児休業期間との合計が1年を限度として育児休業をすることができます。

　また、以下のいずれかに該当する場合は、原則として、子が1歳6か月に達するまでの必要な日数について育児休業をすることができます。
　　㋐　保育所に入所を希望しているものの入所できない場合
　　㋑　子の養育を行っている職員の配偶者であって、1歳以降育児にあたる予定であった者が、死亡、負傷、疾病等の事情により子を養育することが困難になった場合

(2) 育児休業の取得手続き

　原則として育児休業開始予定日の1か月前の日までに、職員から使用者に対して、休業期間、子の氏名等の一定事項を記載した「育児休業申出書」などを提出して申し出ます。申し出は特別の事情のない限り、1回限りです。育児休業の終了は、職員の意思にかかわらず、子を養育しなくなった時、子が死亡した時、産前産後休業、介護休業または新たな育児休業が始まった時などです。

(3) 使用者の支援義務

　就業しながら小学校就学前の子を養育する職員に対しては、時間外労働の制限、深夜業の制限、子の看護休暇（事業者に申し出ることにより、年次有給休暇とは別に1年に5日まで、2人以上

は10日までの休暇を取得できる制度)、始業・終業時刻の繰り上げ・繰り下げ、所定外労働の免除、託児施設の設置などによる支援を、また、就業しながら3歳未満の子を育てる職員に対しては、育児短時間勤務制度などの支援をしなければなりません。

(4) 育児休業給付制度　他

① 雇用保険の被保険者において所定の要件を充足すれば、原則として休業前賃金の50%(育児休業開始後180日間までは67%)相当額が育児休業期間中に「育児休業給付金」として支給されます。
② 協会けんぽの健康保険料と厚生年金の保険料は、産前産後休暇期間中、及び育児休業等の期間中の被保険者(職員)負担分、使用者負担分とも免除されます。
③ 育児休業を取得した日は、有給休暇支給のための出勤率計算において出勤したものとみなされます。

9 介護休業制度

負傷、疾病または身体上、精神上の障害により、2週間以上の期間にわたり常時介護が必要な状態にある対象家族を介護する場合、男女職員は対象家族1人につき通算して93日までの必要な期間において介護休業を取ることができます。なお、休業期間中の賃金は支給する必要はありません。

(1) 介護休業の対象者

要介護状態にある対象家族を介護する男女職員。なお、有期雇用契約職員においては申し出の時点で以下のいずれにも該当する

者であることが必要です。
- ㋐ 勤続1年以上である有期雇用契約職員
- ㋑ 介護休業予定日から93日を経過する日を超えて雇用関係の継続が見込まれる有期雇用契約職員
- ㋒ 介護休業開始予定日から93日を経過する日から1年を経過する日までに雇用契約期間が満了するが更新されることが明らかな有期雇用契約職員

また、上記にかかわらず労使協定で定められた以下の者については、介護休業の申し出を拒否することができます。
- ・勤続期間が1年未満の職員
- ・申し出の日から93日以内に雇用関係が終了することが明らかな職員
- ・1週間の所定労働日数が2日以下の職員

(2) 対象家族の範囲
- ㋐ 配偶者（内縁の妻・夫を含む）
- ㋑ 父母および子ならびに配偶者の父母
- ㋒ 同居し、かつ扶養している祖父母、兄弟姉妹および孫

(3) 介護休業の取得手続き

原則として介護休業予定日の2週間前の日までに職員から使用者に対して、期間等の一定事項を記載した「介護休業申出書」などを提出して申し出ます。申し出の回数は特別の事情のない場合は、対象家族1人につき1要介護状態ごとに1回限りです。介護休業の終了は、労働者の意思にかかわらず、対象家族が死亡した時、離婚・離縁等による対象家族との親族関係が消滅した時、職員が負傷その他介護できない状況になった時、または産前産後休

業など別の休業が始まった時などです。

(4) 使用者の支援義務

　就業しながら要介護状態にある家族の介護その他の世話をする職員に対しては、時間外労働の制限、深夜業の制限、介護短時間勤務制度、介護休暇（事業者に申し出ることにより、年次有給休暇とは別に1年に5日まで、2人以上は10日までの休暇を取得できる制度）、始業・終業時刻の繰り上げ・繰り下げなどの支援をしなければなりません。

(5) 介護休業給付制度　他

　雇用保険の被保険者において所定の要件を充足すれば休業前賃金の40％相当額が介護休業期間中に「介護休業給付金」として支給されます。

10 女性に関する規定

　女性または母親である職員に対しては、その保護のための特別な規定があります。

(1) 生理休暇

　女性職員から、生理日の就業が著しく困難であると申請があった場合には、必要な日数の休暇を与えなければいけません。ただし、「ノーワーク・ノーペイの原則」から無給で構いません。

(2) 産前産後休業

　6週間（多胎出産の場合は14週間）以内に出産する予定の女性

職員が、休業を請求した場合は産前休業をとらせなければなりません。また、産後休業として産後8週間経過しない女性を就業させてはいけません。ただし、産後6週間が経過し、本人が請求し、医師が問題ないと認めた場合は業務に就くことができます。

なお、休業中の賃金を支給する義務はありません。賃金が支給されなかった場合、協会けんぽの健康保険においては標準報酬日額の3分の2相当額が「出産手当金」として支給されます。

(3) 妊産婦の就労

妊婦または妊産婦（妊娠中の女性および出産後1年を経過していない女性）の就労には、次のような保護規定があります。

㋐ 妊娠中の女性職員が請求した場合は、より負担の少ない業務に変更しなければならない。

㋑ 妊産婦の女性職員が請求した場合は、次のような労働をさせることはできない。
・変形労働時間制の場合の1日および1週間の法定労働時間を超えて労働させること
・時間外労働、休日労働、深夜業をさせること

11 セクシャルハラスメント（セクハラ）

セクシャルハラスメント（セクハラ）とは性的嫌がらせのことであり、特に職場においては「相手方の意に反する性的な言動を行うことにより、職務遂行を妨害し、本人に不快な職場環境にする」ことを指します。男性から女性に対してだけでなく、女性から男性に対しても起こりえます。さらに、女性から女性、男性から男性であってもセクハラは起こりうるものです。しかし、最も

一般的であるのは、男性の上司や同僚、取引先が加害者で、女性職員が被害者となるパターンです。福祉・介護サービスの関連事業所は女性が多い職場です。性的な関係を迫るといった直接的な行動ばかりではなく、

　㋐　肩を叩くなど相手の体に不必要に触れる
　㋑　性に関する質問や冗談を言う
　㋒　肉体的特徴に言及する
　㋓　女性の体全体、または胸やお尻などの特定の部位に視線を浴びせる
　㋔　ヌードカレンダーなど猥褻な図画を所内に掲示する
　㋕　職員旅行やお客様との宴席で女性にお酌を強制する

のような言動などは、すべてセクハラとなる可能性がありますのでご注意ください。

　セクハラ行為が職場で行われた場合、加害者に対して刑事上、民事上の法的責任が問われることはもちろん、使用者やマネジャーに対しても民事上の不法行為責任が問われる場合があります。

　また、入所者、利用者による女性職員に対するセクハラも重要な問題です。職員からの相談を受けた場合は、速やかにかつ真剣に対応すること、またその相談窓口の設置についても検討すべきでしょう。

12 パワーハラスメント（パワハラ）

　パワハラとは、「職場において、地位や人間関係で弱い立場の相手に対して、繰り返し精神的又は身体的苦痛を与えることにより、結果として働く人たちの権利を侵害し、職場環境を悪化させる行為」を指します。パワハラであるかどうかの判断基準は、原

則「執拗に繰り返されること」です。昨今の労働紛争においても、「いじめ・嫌がらせ」の事案が大きな伸びを示しています。今後、セクハラ以上にパワハラの問題が多くなってくるでしょう。

その類型とその具体的な内容は、以下の通りです。

① 精神的な攻撃
　・ミスを皆の前において大声で叱責される。
　・人格を否定されるようなことを言われ、同僚の前で無能扱いする言葉を受ける。

② 過大な要求
　・終業間際に過大な仕事を毎回押しつける。
　・1人では無理だとわかっている仕事を命ずることや休日出勤しても終わらない業務を強要される。

③ 人間関係からの切り離し
　・挨拶をしても無視され、会話もしてくれない。
　・報告した業務への返答がない。部署の食事会に誘われない。

④ 個の侵害
　・交際相手の有無を聞かれ、しつこく結婚を勧められる。
　・個人の宗教を皆の前で言われ、否定、悪口をいわれる。

⑤ 過小な要求
　・営業職なのに買い物、倉庫整理などを必要以上に強要される。
　・皆に聞こえるように程度の低い仕事を名指しで命じられる。

⑥ 身体的な攻撃
　・足で蹴る、胸ぐらを掴む、物を投げる、髪を引っ張る、頭をこづくなどされる。

セクハラ同様、職員からの相談を受けた場合は、速やかにかつ真剣に対応すること、またその相談窓口の設置についても検討すべきです。

13 職員の事故

　職員が事故を起こしてケガや死亡した場合の事務手続き、賃金、退職金、見舞金の取り扱いについては、業務上の事故か業務外の事故であるかによって異なります。その相違点は図表4－7の通りです。

　過労死における労働者災害（以下、労災）認定の問題があります。過労死を判断する際の労働時間と疲労との関連においては図表4－8のように、「過重労働による健康障害防止のための総合対

図表 4-7　職員の事故における手続き等

		手続き	賃　金	退職金	見舞金
業務上（通勤含む）	死亡	《労災》 ・遺族補償年金支給請求 ・遺族補償一時金支給請求		退職金規定により支給（義務なし）	規定により支給（義務なし）
	ケガ	《労災》 ・療養補償給付たる療養の請求 ・休業補償給付の請求	最初の3日間は、休業補償として平均賃金の60％を支給		規定により支給（義務なし）
業務外	死亡	《社保》 ・健康保険埋葬料請求		退職金規定により支給（義務なし）	規定により支給（義務なし）
	ケガ	《社保》 ・健康保険傷病手当金（賃金を支給しない時）	就業規則に定める（無給でもよい）		規定により支給（義務なし）

図表 4-8　脳・心臓疾患の発症と労働時間の関連性

発病前の期間	1か月当たりの時間外労働	業務との関連性
1か月～6か月間	45時間以下	低い
1か月～6か月間	45時間超	長くなるほど徐々に高まる
2か月～6か月間	80時間超	高い
月100時間超		

141

策」で示されています。長時間にわたる労働やそれによる睡眠不足は、疲労が蓄積し、血圧の上昇を引き起こし、血管病変などを著しく増悪させるとの見解です。職員の健康を守る意味でも時間外労働（残業）時間の管理が強く求められています。

　職員の事故が労災に該当するかどうかは、所轄労働基準監督署長が認定します。判例では、1か月100時間超の時間外労働、2～6か月間での80時間超の時間外労働が過労死での労災認定の1つの基準になっています。

　なお、中央労働災害防止協会のホームページに「労働者の疲労蓄積度チェックリスト」が掲載されています。活用してみてはいかがでしょうか。

14　メンタルヘルス

　昨今、気分障害（躁うつ病）におけるメンタルヘルスケアの重要性が訴えられています。福祉・介護サービスは、その対象が身体的・精神的なハンディを持った人達であることから、ストレスが蓄積される業務です。利用者側の「尊厳」や「権利」を重視するあまりに、福祉・介護サービスを行う職員に「犠牲」を強いていることについてあまり気づかれていません。職場内での人間関係もストレスの蓄積に影響することがあります。また、夜間勤務のある交替制勤務職員では、日勤の職員に比べ約3.3倍の不眠や抑うつのリスクが高まる調査結果もあります。介護する側のケア（レスパイトケア）についても考えなければならない時期に来ているのではないでしょうか。

　使用者は、一般の職員を雇い入れた時点で、またはその後1年ごとに1回、定期的に健康診断を実施しなければなりません。こ

れで、身体の健康状態はチェックできますが、心の健康状態まではチェックできません。心の病である気分障害（躁うつ病）は、几帳面で責任感が強い性格を持った人が大きなストレスに出会って発病すると考えられています。特に気をつけなければならないのが自殺の危険が高いうつ病です。その行動の変化等の兆候（不調のサイン）を見逃さないように気配りすることが大切です。その兆候は以下の通りです。

① 無断欠勤、遅刻、早退、病欠が多く、特に休日明けまたは休日の前日の欠勤が多い
② 事故（業務上・業務外）やミス（不注意・判断力不足）が多くなる
③ 仕事中にそわそわして落ち着きがない
④ 顔色が悪い、表情が乏しい、生気がない
⑤ 急に痩せる（または太る）
⑥ 疲労感、倦怠感、不眠、食欲不振などを訴える
⑦ 身だしなみや態度がだらしなくなる
⑧ 始終何か考え込んでいて、せかせか、イライラしている
⑨ 極端に口数が少なくなる（または多くなる）
⑩ 周囲に対して疑い深くなり、被害妄想的になる
⑪ 些細なことで他人に八つ当たりする、攻撃的になる

これらの兆候が見えたときには、きっかけを見つけて「大丈夫？」などとさりげなく声をかけましょう。沈んで元気のない人をみると、「元気出して」「そんなに気にしないことさ」などと明るく励ますことや「しっかりしろ」と叱責したりする対応は逆効果のようです。「貴方のことを気にかけているよ」「気持ちを受けとめているよ」ということが伝わることが大切です。

労働安全衛生法が改正され、職員における心理的負担の程度を

把握するため、事業者に対して、医師、保健師等によるストレスチェックの実施を平成27年12月１日から義務づけることになりました。ただし、職員50人未満の事業所は「努力義務」となります。そのストレスチェック制度の実施手順は、**図表４－９**の通りです。

　ストレスチェック制度実施における課題としては、
　㋐　心的不調に陥る前の一次予防を目的とするストレスチェック制度の科学的根拠が不十分ではないか。
　㋑　職員に受診の義務を課すことなく個人の同意を尊重していることから、本当に支援が必要な職員をすくい上げることができるのか。
　㋒　職場以外では症状が軽快する「新型うつ病」に対して、「病人としての権利」を過剰に主張し、業務負荷の軽減や配置転換を不当に要求することが増えるのではないか。
等があり、その効果等については疑問視されています。しかしながら、マネジャーの日常的な部下の観察や相談対応、職員へのメンタルヘルス教育、残業時間の削減などは法改正が無くても本腰を入れて取り組まなければならない事項ではないでしょうか。

第4章 就業管理－質向上と働きがいのある職場環境の整備

図表 4-9　ストレスチェックと面接指導の実施の流れ

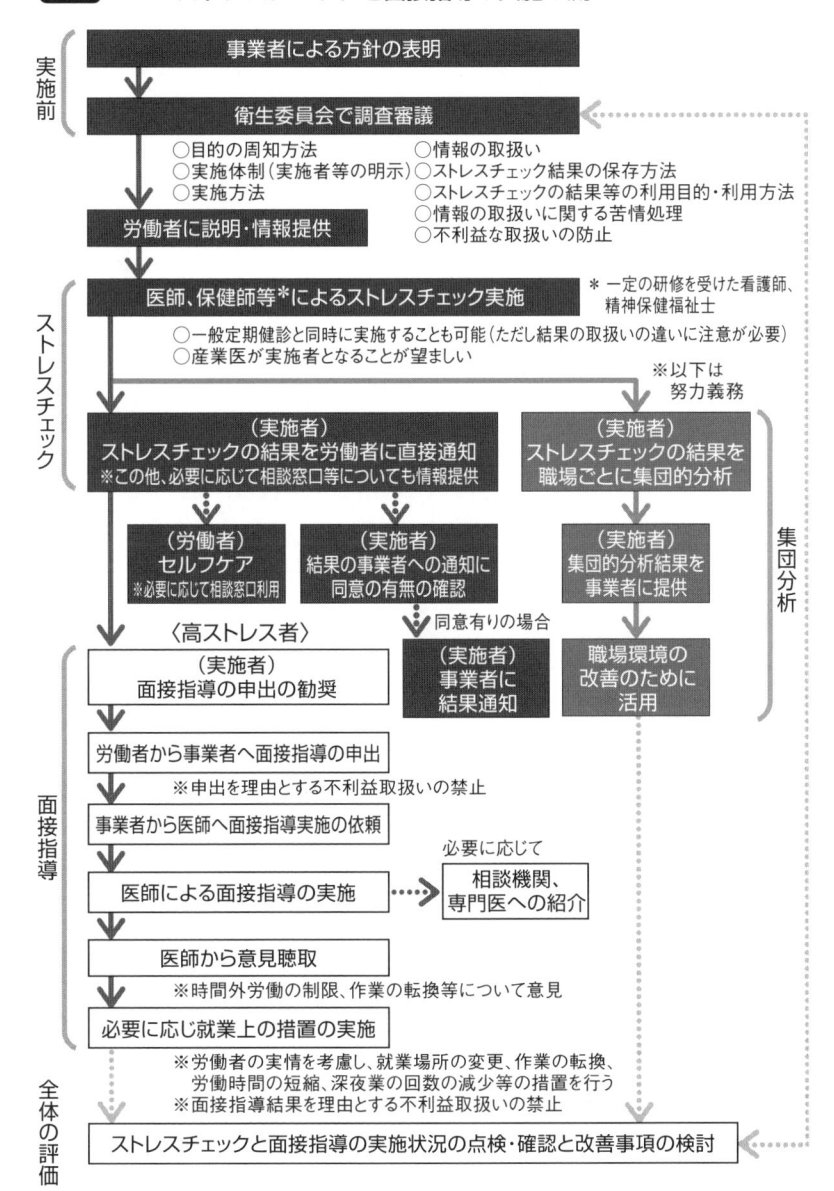

【実施前】
- 事業者による方針の表明
- 衛生委員会で調査審議
  - ○目的の周知方法
  - ○実施体制（実施者等の明示）
  - ○実施方法
  - ○情報の取扱い
  - ○ストレスチェック結果の保存方法
  - ○ストレスチェックの結果等の利用目的・利用方法
  - ○情報の取扱いに関する苦情処理
  - ○不利益な取扱いの防止
- 労働者に説明・情報提供

【ストレスチェック】
- 医師、保健師等＊によるストレスチェック実施
  ＊一定の研修を受けた看護師、精神保健福祉士
  - ○一般定期健診と同時に実施することも可能（ただし結果の取扱いの違いに注意が必要）
  - ○産業医が実施者となることが望ましい

※以下は努力義務

- （実施者）ストレスチェックの結果を労働者に直接通知
  ※この他、必要に応じて相談窓口等についても情報提供
- （労働者）セルフケア　※必要に応じて相談窓口利用
- （実施者）結果の事業者への通知に同意の有無の確認
  → 同意有りの場合 →（実施者）事業者に結果通知

【集団分析】
- （実施者）ストレスチェックの結果を職場ごとに集団的分析
- （実施者）集団的分析結果を事業者に提供
- 職場環境の改善のために活用

【面接指導】
〈高ストレス者〉
- （実施者）面接指導の申出の勧奨
- 労働者から事業者へ面接指導の申出
  ※申出を理由とする不利益取扱いの禁止
- 事業者から医師へ面接指導実施の依頼
- 医師による面接指導の実施 …→ 必要に応じて 相談機関、専門医への紹介
- 医師から意見聴取
  ※時間外労働の制限、作業の転換等について意見
- 必要に応じ就業上の措置の実施
  ※労働者の実情を考慮し、就業場所の変更、作業の転換、労働時間の短縮、深夜業の回数の減少等の措置を行う
  ※面接指導結果を理由とする不利益取扱いの禁止

【全体の評価】
- ストレスチェックと面接指導の実施状況の点検・確認と改善事項の検討

145

15 就業規則の整備

　労基署の総合労働相談件数は1年間で106万件、うち25万件が民事上の個別労働紛争相談です。その労働紛争が生じた場合に力を発揮するのが「就業規則」です。労働紛争においては、どのような人事・労務管理のルールを作ってどのように運営してきたかが問われます。また、就業規則に関しては、「当該事業場の労働者は、就業規則の存在及び内容を現実に知っていると否とにかかわらず、また、これに対して個別的に同意を与えたかどうかを問わず、当然にその適用を受ける」との判例も出ています。

　常時10人以上を使用する事業所（事業場）には就業規則の作成と備え付け、そして所轄労基署への提出が義務づけられています。しかし、作成・提出義務のない常時10人未満の事業所（事業場）であっても、早めに作成しておくべきです。

　就業規則は、事業所を守るためにも必要なものです。また、事業所から職員に対して、「こんな事業所にしたい」とか、「職員にはこうあって欲しい」といった経営者の想いを伝えるべきツールでもあります。その意味でも、労基署が配布した就業規則、または市販のモデル就業規則を焼き直して体裁を整えるのではなく、社会保険労務士などの専門家にその作成指導を受けることをお勧めします。

(1) 記載要件
① 　絶対的必要記載事項
　　1) 労働時間関係
　　　・始業、終業時刻
　　　・休憩時間

- 休日
- 休暇
- 労働者を2組以上にわけて交替で就業させる場合の就業時転換事項

2）賃金関係
- 賃金（臨時の賃金を除く）の決定、計算方法
- 賃金の支払いの方法
- 賃金の締切りおよび支払いの時期
- 昇給に関する事項

3）退職関係
- 退職の事由とその手続き
- 解雇の事由等

② 相対的必要記載事項
1）退職金に関する事項
- 退職手当の定めをする場合の退職手当の決定、計算、支払方法

2）その他の賃金関係
- 退職手当以外の臨時の賃金
- 最低賃金額の定めをする場合のルール

3）食費その他の負担（社宅・寮費等）
4）安全および衛生
5）職業訓練
6）災害補償および業務外の疾病扶助
7）表彰および制裁
8）その他全労働者に適用されること

③ 任意的記載事項

そのほかの事項、たとえば、経営理念（使命・ミッション）、社是・社訓などは記載してもしなくても構わない任意的記載事項です。しかし、経営理念等は職員の方々に経営者の想いを伝えるためにも記載しておくことをお勧めします。

(2) 届出・変更等
① 労働者からの意見聴取

使用者が就業規則を作成または変更する場合は、労働者の過半数を代表する者の意見を聴く必要があります。意見を聴くプロセスを経ていれば、労働者の同意を得なくとも、作成・変更が可能です。

② 労基署への届出

就業規則を作成し、または変更した場合は、労働者の代表の意見を記し、その署名または記名押印のある書面（意見書）を添付して、事業所（事業場）ごとにそれぞれの所在地を管轄する労基署長に届け出なければなりません。

③ 周知義務

就業規則は、その内容を知らしめる義務があります。周知する方法としては、
　㋐　常に事業所の見やすい場所に掲示し、備え付けること
　㋑　書面をコピーなどして職員に配付すること
　㋒　磁気ディスクなどに記録し、職員がいつでもその内容を確認できるパソコン等を事務所に設置しておくこと
などの方法があります。

16 安全衛生

(1) 安全衛生教育

　労働者に対して、雇い入れ時および作業内容変更時の安全衛生教育を実施しなければなりません。特に、訪問介護の労働者に対する安全衛生教育の実施にあたっては、業務の実態を踏まえて、腰痛をはじめとした当該業務に関連して発生する恐れのある疾病の原因および予防に関する項目を盛り込まなければなりません。

(2) 健康診断

　常時使用する職員に対して、雇入れ時および1年以内ごとに1回（深夜業等に常時従事する職員については6か月以内ごとに1回）、定期に健康診断を実施しなければなりません。また、パート職員においても、以下に該当する職員には、健康診断を実施しなければなりません。

　㋐　無期雇用契約職員
　㋑　有期雇用契約であっても、雇用期間が1年以上である職員、契約更改により1年以上使用されることが予定される職員、および契約更新により1年以上引き続き使用されている職員
　㋒　当事業所における同種業務に従事する通常労働者の1週間の所定労働時間の4分の3以上（2分の1以上が望まれる）で勤務する職員

　なお、職員に対する健康診断の実施は法で定められたものである以上、その実施に要した費用を労働者に負担させることはできません。

(3) 安全衛生管理体制の確立

　労働安全衛生法の定めるところにより、事業場（事業所）の規模に応じて衛生推進者、衛生管理者、産業医を選任するとともに衛生委員会を設置し、労働者の健康障害の防止に関する対策を検討するなど安全衛生管理体制を確立しなければなりません。衛生推進者等の選任・設置が必要な事業場の規模は、

- ㋐　衛生推進者の選任：労働者10人〜49人の事業場
- ㋑　衛生管理者の選任：労働者50人以上の事業場
- ㋒　産業医の選任　　：労働者50人以上の事業場
- ㋓　衛生委員会の設置：労働者50人以上の事業場

です。

　衛生推進者の職務は、以下の通りです。

- ㋐　施設、設備等（安全装置、労働衛生関係設備、保護具等を含む）の点検および使用状況の確認、ならびにこれらの結果に基づく必要な措置に関すること
- ㋑　作業環境、および作業方法の点検、ならびにこれらの結果に基づく必要な措置に関すること
- ㋒　健康診断、および健康保持促進のための措置に関すること
- ㋓　衛生教育に関すること
- ㋔　異常事態における応急措置に関すること
- ㋕　労働災害の原因の調査、および再発防止対策に関すること
- ㋖　衛生情報の収集、および労働災害、疾病・休業等の統計の作成に関すること
- ㋗　関係行政機関に対する衛生に関わる各種報告、届出等に関すること

　また、労働者50人以上の事業場（事業所）に選任を求められる

衛生管理者の業務は、
- ㋐ 労働者の健康障害を防止するための措置に関すること
- ㋑ 労働者の衛生のための教育の実施に関すること
- ㋒ 健康診断の実施その他健康管理に関すること
- ㋓ 労働災害の原因の調査および再発防止対策に関すること

等です。そして、少なくとも毎週1回事業所等を巡視し、設備、作業方法または衛生状態に有害の恐れがあるときは、直ちに、労働者の健康障害を防止するため必要な措置を講じなければなりません。

17 介護支援機器や介護ロボットの活用

　福祉・介護サービス業は、精神的疲労もさることながら、他業種と比較して圧倒的に身体的疲労のある業種です。その解消のために移乗支援、移動支援、認知症の方の見守り支援、排泄支援、入浴支援などの介護支援機器の導入は欠かせません。特に最近では、人材不足への懸念も相まって介護ロボットの導入に注目が集まってきました。

　例えば、既に利用されている
- ① 自立・身体動作支援・歩行支援「HAL」（CYBERDYNE）
- ② 認知症予防・ロボットセラピー「パロ」（産業技術総合研究所）
- ③ 眠り状態の把握「眠りSCAN」（パラマウントベッド）
- ④ 排泄介助「ヒューマニー」（ユニ・チャーム　ヒューマンケア）
- ⑤ 握力補強「パワーアシストハンド」（LLPアトムプロジェクト）
- ⑥ 床ずれ予防「リラウェーブ」（マツダマイクロニクス）
- ⑦ 移乗支援「つるべー」（モリトー）

などです。介護ロボットの役割がますます重要になることは間違

いなく、実際、介護ロボット市場は平成32年には350億円市場になるともいわれています。

介護ロボットを導入することで、介護される側には自立・身体動作への支援が、介護する側には業務負担の低減や「きつい」「汚い」などのイメージ払拭が期待できます。しかしながら、福祉・介護サービス業の現場においては、介護ロボットに関する装置価格、機能面の長所短所、費用対効果、実際の導入事例などの情報をほとんど持ち合わせていないのが実情でしょう。

今後は、介護ロボットに関するハード面の情報を積極的に収集し、費用対効果や利用する職員への教育研修などのソフト面の研究も重要ではないでしょうか。

なお、厚労省では、介護ロボットの実用化に向けた取組の一環として、活用方法などの疑問や質問に答える「介護ロボット実用化に関する相談窓口」を以下の通り開設しています。また、開発中や開発を計画している介護ロボット等実用化のための実証試験に協力してもらえる事業所も募集しています。

① 開設場所　　　　公益財団法人テクノエイド協会内
② 電話相談窓口　　03－3260－5121
③ メール相談窓口　robot@techno-aids.or.jp
④ 相談内容
　・介護ロボットの種類や開発の状況、実用化している機器の概要等を知りたい
　・事業所で使えるものがあるかどうか相談したい
　・介護ロボットを活用した対応方法等について相談したい
　・介護現場のニーズを提供したい

第5章

賃金管理
― 変革が求められる賃金体系の考え方

職員がその能力を十分に発揮することによって事業所のサービス品質が向上し、その結果として業績も向上しているならば、賃金体系はどんな体系であろうと構いません。しかし、その仕組みを何度も説明しなければならない複雑な賃金体系、一生懸命仕事をしてもしなくても同じ賃金、どうしたら賃金を上げられるかわからないような賃金体系では問題があります。

　福祉・介護サービスの事業所の多くは、公務員型の賃金体系を準用しています。「号俸給表（賃金表）」を用いることから、個々の職員の仕事ぶりや能力・スキルの如何に関わらず、1年たてば自動的に昇給する年功序列的な賃金体系です。人件費が事業活動支出の60％〜70％を占める福祉・介護サービスの事業所においては、公務員型の年功序列的な賃金体系では、経営を圧迫させることにもなりかねません。

　賃金管理は経営者の経営理念を反映したマネジメントであり、職員が納得し、かつ働く意欲が高まる賃金制度として創り上げなければなりません。ただし、そこで注意しなければならないことは、
　・事業所外（同業他社等）での競争優位となる賃金水準
　・事業所内で納得できる賃金決定基準による公平な分配
の2点です。一般的に福祉・介護サービス業務に従事する方々は、協調性があり、心根の優しい謙虚な気質を持っています。どちらかといえば、面と向かって待遇に関する不平不満を述べません。この気質に甘えているだけでは、優秀な人材の確保は遠のくばかりでしょう。

　賃金管理は、賃金額管理、賃金体系管理、賃金形態管理、そして賃金額を決定するための人事評価（考課）とに分類できます。

1 労基法における賃金

(1) 賃金の定義
　賃金とは、「名称の如何を問わず、労働の対償として使用者が労働者に支払うすべてのものである」と定義しています。
　定期賃金、諸手当、賞与等が含まれますが、
　㋐　任意的・恩恵的な給付（結婚祝金、死亡弔慰金等）
　㋑　福利厚生（住宅の貸与、食事の供与等の実物給与、制服等）
　㋒　旅費・日当
は賃金にはなりません。
　なお、健康保険法、厚生年金保険法、国家公務員共済組合法などにおいて賃金の定義が異なります。特に税法においては、「給与所得」とされていて課税の対象として捉えるため賃金の概念自体が異なることに注意してください。

(2) 賃金決定の留意点
　賃金の決定に当たっては、
　㋐　国籍・信条・社会的身分を理由とした差別的取扱い
　㋑　労働者が女性であることを理由とした差別的取扱い
は禁止されています。

(3) 出来高払の保障給
　出来高払制その他の請負制で使用される労働者の賃金については、労働時間に応じて一定額の賃金の保障をしなければなりません。
　保障給は、労働時間に応じて一定額でなければならず、原則として時間給で定めることになります。

なお、保障給は、労働者が労働した時間に対応して支払うものであり、労働しなかった場合には支払う必要はありません。

(4) 休業手当

使用者の責に帰すべき事由によって労働者が休業した場合には、使用者はその休業期間中に対し平均賃金の60％以上の休業手当を支払わなければなりません。

訪問介護サービスにおいて、利用者からの利用申込みのキャンセルを理由として労働者を休業させる場合、事前のキャンセルが判明し、その職員に、

　㋐　代替業務を行わせたか？
　㋑　始業・終業時刻の繰り上げ、繰り下げの勤務時間帯の変更をしたか？
　㋒　休日の振替をしたか？

などの、使用者として行うべき努力を尽くした場合には、休業手当を支払う必要はありません。しかし、そうではなく、勤務スケジュール変更の猶予期間があるにもかかわらず、そのままにしておいて休業させた場合は、使用者の責に帰すべき事由があるものとして休業手当を支払わなければなりません。当然ながら、就業規則、雇用契約書等においては、勤務時間帯の変更がありうること、休日の振替がありうることを明記しておくことが前提となります。

また、職員への利用者からのキャンセルの連絡方法やキャンセルのタイミングによる賃金の支払額などを明確にしておくことが職員における身体的・肉体的ストレスを少なくすることにもなります。

(5) 最低賃金

最低賃金法に基づく最低賃金制度が設けられています。最低賃金は、地域別最低賃金と一定の産業における産業別最低賃金が定められています。

(6) 賃金支払方法の原則
① 通貨払いの原則

賃金は、原則として通貨で支払わなければなりません。

なお、小切手は通貨に含まれません。また、賃金の口座振り込みによる支払いは、労働者の同意を得てその労働者の指定する本人の預貯金口座等に振り込むことができます。

② 直接払いの原則

賃金は、直接労働者に支払わなければなりません。

ただし、労働者が病気等の場合には、その「使者」に支払うことはできます。また、民事執行法、国税徴収法等による差し押さえの場合は原則が除外されます。

③ 全額払いの原則

賃金は、原則として全額を支払わなければならず、その一部を控除して支払うことはできません。

ただし、賃金の一部を前払いした場合、所得税や社会保険料等の法令に別段の定めがある場合、そして社宅費、旅行積立金等の労使協定の定めがある場合はそれらの分を控除することができます。

④ 毎月払いの原則

賃金は、毎月1回以上支払わなければなりません。

なお、臨時に支払われる賃金、賞与等は毎月1回以上の支払いでなくとも差し支えありませんが、年俸制の場合には、毎月払いの原則が適用されます。

⑤ 一定期日払いの原則

賃金は、周期的に到来する一定の期日を定めて支払わなければなりません。

ただし、労働者または労働者の収入によって生計を維持する者が次の場合であり、かつ労働者が請求した場合には、支払い期日前であっても、それまでに労働したものに対する賃金を支払わなければなりません。

・出産、疾病または災害
・結婚または死亡
・やむを得ない事由による1週間以上の帰郷

2 賃金額管理

F.ハーズバーグは、『仕事への動機づけ(二要因理論：dual factor 理論)』において、仕事の内容、達成感、承認、責任といった職務に対する満足要因と会社の方針、作業条件、賃金といった不満足要因を区別し、満足要因こそが「動機づけ要因」であり、不満足要因は「衛生要因」(十分であっても積極的な満足や動機づけをもたらさない要因) に過ぎないと論じました。「従業員のやる気を高めるには、より高い賃金を支払ったほうが良いと思われるが、両者の相関関係はある水準を超えると弱くなっていく。すな

わち、賃金をある水準額以上に上げても労働者の勤労意欲はそれほど高まらない。むしろ、仕事の内容や職場の人間関係のほうが勤労意欲に対して大きな影響力がある」との理論です。職員の賃金支給額を考える上で認識しておかなければならない古典論です。しかし、これは現代に至っても変わっていないようです。職員の賃金支給額を考える上で認識しておかなければならない考え方です。

(1) 賃金額の決定要因
賃金額の決定要因としては、
① 支払能力（業績）
② 世間相場（同業他法人、地域での相場）
③ 生計費（消費者物価）
④ 労働力の確保と定着
⑤ 労使関係の安定
の5点があげられます。

(2) 一般的な賃金総額の決定方式
一般企業における賃金総額の決定方式には、
① スキャンロン・プラン
　人件費総額 ＝ 事業収入 × 人件費比率 ± 経営裁量
　賃 金 総 額 ＝ 人件費総額 － 退職金 － 福利厚生費

② ラッカー・プラン
　人件費総額 ＝ 限界利益(粗利益) × 労働分配率 ± 経営裁量
　賃 金 総 額 ＝ 人件費総額 － 退職金 － 福利厚生費

③　利潤配分方式（利益3分法）

　事業所、労働者（職員）、出資者（NPO法人を除く）にそれぞれ配分の3種類に大別できます。

　一般企業では、②のラッカー・プランを用います。労働分配率とは、限界利益（粗利益）に占める人件費の割合をいいます。限界利益（粗利益）とは、売上から売上に比例して発生する費用の商品仕入原価、材料費、外注費、消耗品費などの変動費を控除した企業の正味の稼ぎ高です。

　しかし、変動費の概念が乏しい福祉・介護サービス事業においては、この考え方は馴染みません。したがって、①のスキャンロン・プランを用いた、

　人件費総額 ＝ 事業活動収入 × 人件費対事業活動収入率 ± 経営裁量
　賃金総額 ＝ 人件費総額 － 退職金 － 福利厚生費

で算出すべきと考えます。

　経営裁量分は、役員報酬を除く「職員1人あたり人件費支出」「定員1人あたり人件費支出」も参考にしながら判断してください。

（3）人件費対事業活動収入率

　TKC全国会社会福祉法人経営研究会が編集した『TKC社会福祉法人経営指標（S－BAST）』（平成26年版）によれば、施設別の人件費対事業活動収入率（人件費対サービス活動収益率）は図表5－1のようになります（会計処理の方法は平成23年社会福祉法人会計基準）。

　施設の形態や地域区分、給食の提供方法が外注かどうかでこの率は異なりますので、事業所における適切な目標とする人件費対事業活動収入率を設定してください。

(4) 統計データに見る正職員の給与水準
○ 賃金額（世間相場）：職種別・男女別賃金水準

「平成25年賃金構造基本統計調査」による賃金水準は、図表5－2の通りです。また、『平成25年度介護労働実態調査：㈶介護労働安定センター』（平成26年8月11日発表）のデータによれば、図表5－3の通りです。

介護サービスに従事する職員の賃金水準は、介護サービス関連事業自体が新しい産業であり、勤続年数が少ないとの理由もありますが、総じて全産業の平均に比べて、低位にあります。介護業界での人材不足と勤続年数に伴う賃金カーブの上昇が今後の賃金相場に影響を与えると思われます。

図表 5-1　人件費対事業活動収入率

施設別人件費対サービス活動収益率（全国平均）	
	26年版
特別養護老人ホーム	64.0%
老人ショートステイ	59.5%
老人デイサービス	63.7%
老人ホームヘルプ	82.7%
居宅介護支援	88.4%
認知症老人グループホーム	68.2%

出典：『TKC社会福祉法人経営指標（平成26年版）』抜粋

図表 5-2　介護関連職種の男女別賃金水準

区分		年齢	勤続年数	所定内実労働時間数	超過実労働時間数	きまって支給する現金給与額	所定内給与額	年間賞与その他特別給与額	労働者数
		歳	年	時間	時間	千円	千円	千円	人
全産業	男女計	42.0	11.9	163	14	324.0	295.7	801.3	22,432,800
看護師	男性	35.2	6.1	158	7	326.9	286.5	740.9	45,400
	女性	38.3	7.5	158	9	328.6	291.7	786.5	492,610
介護支援専門員	男性	43.0	8.1	164	5	281.1	269.7	662.6	13,810
	女性	48.7	8.4	163	5	252.7	243.7	529.9	49,580
ホームヘルパー	男性	40.0	3.7	164	5	235.0	216.6	248.6	20,200
	女性	46.2	6.2	163	6	213.0	200.6	279.5	66,640
福祉施設介護員	男性	35.1	5.4	164	5	235.4	218.6	506.7	199,010
	女性	40.5	5.5	164	4	210.6	199.2	413.6	395,060

従業員10〜99人規模の平均

区分		年齢	勤続年数	所定内実労働時間数	超過実労働時間数	きまって支給する現金給与額	所定内給与額	年間賞与その他特別給与額	労働者数
		歳	年	時間	時間	千円	千円	千円	人
全産業	男女計	43.2	10.3	170	11	280.3	261.5	440.5	6,950,470
看護師	男性	41.3	8	163	5	335.2	306.9	791.3	3,260
	女性	43.7	7.9	164	5	314.5	295.7	628.4	65,740
介護支援専門員	男性	45.0	8.1	166	3	282.5	271.0	574.5	5,800
	女性	49.2	7.9	165	5	250.6	242.8	477.5	19,710
ホームヘルパー	男性	41.6	3.6	165	10	246.5	225.3	235.8	8,260
	女性	47.2	5.9	165	6	218.1	206.1	264.6	27,140
福祉施設介護員	男性	35.7	5.8	164	5	233.6	220.1	486.6	75,910
	女性	42.0	5.5	166	3	208.3	199.0	384.3	142,300

出典：平成25年賃金構造基本統計調査

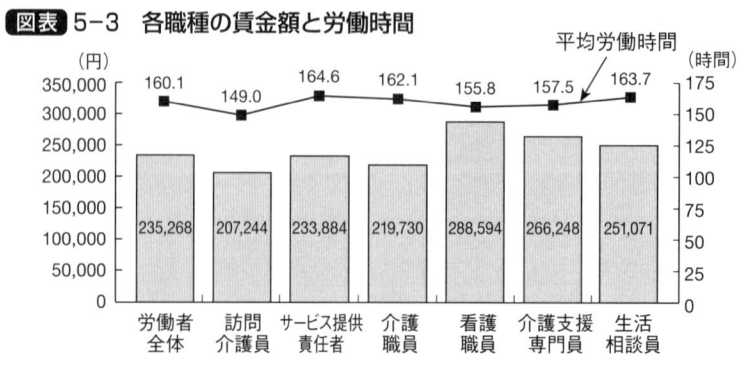

図表 5-3　各職種の賃金額と労働時間

職種	賃金額（円）	平均労働時間（時間）
労働者全体	235,268	160.1
訪問介護員	207,244	149.0
サービス提供責任者	233,884	164.6
介護職員	219,730	162.1
看護職員	288,594	155.8
介護支援専門員	266,248	157.5
生活相談員	251,071	163.7

出典：介護労働実態調査

（5）統計データに見る非正規職員の給与水準

　1時間あたりの所定内給与額とは、毎月決まって支給する現金給与額から、時間外勤務手当、深夜勤務手当、休日出勤手当、宿日直手当、交替手当などの超過労働給与額を差し引いた額を所定内実労働時間数で除したものをいいます。求人票に記載する時給と異なることに注意してください。その職種別の賃金水準が、図表5-4の通りです。

図表 5-4　介護関連職種の短時間労働者男女別賃金水準

区分		従業員10人以上の平均						
		年齢	勤続年数	実労働日数	1日当たり所定内実労働時間数	1時間当たり所定内給与額	年間賞与その他特別給与額	労働者数
		歳	年	日	時間	円	千円	人
全産業	男女計	44.7	5.6	16.7	5.3	1,030	32.4	6,953,960
看護師	男性	43.6	5.7	8.3	7.0	1,817	5.1	2,180
	女性	45.0	5.4	15.0	5.9	1,696	106.2	97,700
介護支援専門員	男性	57.3	3.2	16.5	6.9	1,083	14.5	290
	女性	52.8	5.5	16.6	5.8	1,327	102.4	5,580
ホームヘルパー	男性	53.6	4.0	14.4	4.6	1,139	10.7	7,720
	女性	54.5	6.8	16.3	3.6	1,381	22.8	137,030
福祉施設介護員	男性	55.2	3.9	16.4	6.2	1,052	49.1	16,540
	女性	49.0	4.3	15.3	6.1	1,006	52.7	149,450

区分		従業員10～99人規模の平均						
		年齢	勤続年数	実労働日数	1日当たり所定内実労働時間数	1時間当たり所定内給与額	年間賞与その他特別給与額	労働者数
		歳	年	日	時間	円	千円	人
全産業	男女計	46.2	5.7	16.6	5.2	1,038	27.4	2,278,550
看護師	男性	47.1	0.5	10.8	6.7	1,428	36.8	300
	女性	44.6	4.8	13.7	5.4	1,696	94.6	35,000
介護支援専門員	男性	60.4	2.5	20.5	5.8	892	22.4	190
	女性	54.8	6.0	17.1	5.0	1,333	144.2	2,480
ホームヘルパー	男性	54.6	2.7	14.4	4.4	1,124	15.0	4,310
	女性	55.2	5.6	16.4	3.8	1,295	28.8	63,180
福祉施設介護員	男性	58.2	3.3	16.2	5.8	1,024	37.5	8,110
	女性	50.7	3.9	15.1	6.2	970	52.5	59,540

出典：平成25年賃金構造基本統計調査

1時間あたりの所定内給与額は、地域によって格差があります。地元のハローワークでの「求人賃金情報（パート）」や新聞広告、各種求人誌、折り込み求人チラシなども参考に情報を収集してください。なお、当然ながら、最低賃金法で定められた都道府県別の最低賃金を下回ることはできません。

3 賃金体系管理

(1) 月次給与の賃金体系
　一般的には、図表5－5のように4つの体系に分類することができます。

図表 5-5　賃金体系の分類

❶　固定給（基本給）＋歩合給＋諸手当
❷　固定給（基本給）＋諸手当
❸　固定給（基本給）＋歩合給
❹　完全歩合給

(2) 固定給（基本給）
　固定給（基本給）を要素別に分類すると図表5－6のようになります。
　「属人給」は、年齢、勤続年数、学歴などの属人的要素により決定されます。一方、「仕事給」は、職務の相対的な価値や職務遂行能力により決定されます。

図表 5-6　基本給を構成する要素

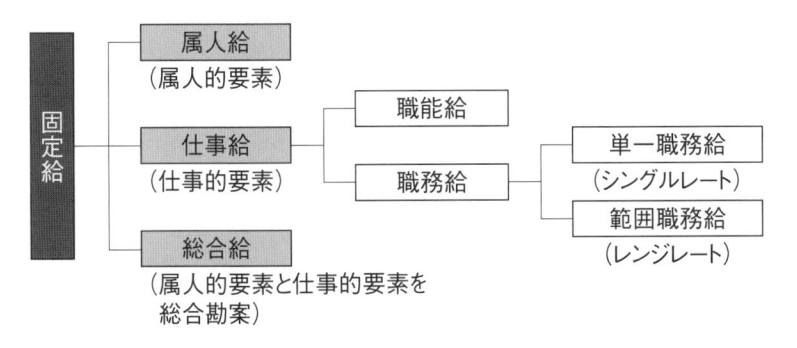

```
                ┌─ 属人給
                │  （属人的要素）
                │
                │              ┌─ 職能給
固定給 ─┼─ 仕事給 ─┤                          ┌─ 単一職務給
                │  （仕事的要素）│              │  （シングルレート）
                │              └─ 職務給 ─┤
                │                          └─ 範囲職務給
                │                             （レンジレート）
                └─ 総合給
                   （属人的要素と仕事的要素を
                   　総合勘案）
```

① 職能給

　職能給は、職員の持っている職務遂行能力（知識度、技能・技術度、関連知識、資格等）を「職能要件書」、「職能資格基準表」などを用いて判断するものです。

〈長所〉
　㋐　能力開発、自己啓発等、能力向上を促進できる
　㋑　職員を異動させやすい

〈短所〉
　㋐　一定規模以上（10人以上）でないと導入しづらい
　㋑　能力の査定が難しく、査定を厳格に行わないと年功序列的給与となる

　年齢が上がるにつれて能力が高まり賃金も上がるという累積給的なこの「職能給」制度は、年功的な運用に流れ、人件費の増大につながる傾向があります。なぜならば、職能は「上がっても、下がることはない」とみなされたからです。右肩上がりの経済成長を遂げている時代には適した完成度の高い賃金給でしたが、今や制度疲労説も出ています。しかし、職能も相対的に下がること、すなわち降給もあるとするならば、まだまだ使い勝手のある賃金

決定方式といえるでしょう。

職能給をより具体化するものとして、「職能資格制度」や「職能等級制度」があります。職能資格、職能等級等を定め、それに応じて職員の賃金（昇給・降給）、昇格、役職等の待遇を行う制度であり、「期待能力」を重視するものです。職員本人が自己の能力レベルを確認した上で、次の等級に進むために身に付けなければならない能力が理解しやすくなります。

② 職務給

職務給は、仕事の複雑度（仕事の厚さ・深さ・幅の広さ）、難易度、責任度を「職務記述書（必要な作業内容を洗い出し具体的に記述、体系化した書式）」などを用いてそのグレードを判断するものであり、客観的要素を持つものです。属人的要素は入りません。人種差別問題を抱える欧米の企業で発展した賃金決定方式です。

日本型雇用の特徴である終身雇用システムや年功序列システムが見直されている今、職能給から職務給の考え方にシフトされつつあり、「職務等級制度」「役割（職責）等級制度」の「顕在能力」を重視する傾向にあります。また、コンピテンシー（高業績達成をもたらす行動特性・能力）の重視も、これを後押ししています。コンピテンシーに対する評価とは、期待能力ではなく顕在能力への評価だからです。

しかし、職務に対して値段を付ける職務給は、人を見て仕事を与えるとともに1人が何役もこなす日本型経営では馴染み難い賃金決定方式でもあります。特に、福祉・介護サービスの事業者においては、組織としての結束力を維持・強化するためにも職能給のほうが感覚的に馴染みやすいのではないでしょうか。

(3) 歩合給（能率給・出来高給）

　一般的には、変動的な手当として支給されます。福祉・介護サービス事業においては、登録型ヘルパーの職員に採用されるケースが多い手当です。

　歩合給（能率給・出来高給）については、総務業務などの間接的な業務に携わる職員とのバランスが問題となります。歩合給の採用においては、間接部門にその数％を配分するなどの仕組みも検討してください。その歩合給の長所と短所は、次の通りです。

〈長所〉
- ㋐　基本給上昇分の吸収
- ㋑　職員の仕事に対するモチベーションの向上
- ㋒　収益性と生産性の向上
- ㋓　業績評価の明確化

〈短所〉
- ㋐　職員間の賃金格差の拡大
- ㋑　チームワークの悪化
- ㋒　新入職員などへの教育、指導時間の減少
- ㋓　効率性重視による業務品質の低下
- ㋔　歩合給支給以外の業務遂行に対する抵抗感の増大

その効果的な運用方法としては、
1. 量的向上だけでなく質的向上を担保する歩合給の項目も抱き合わせること
2. 目先のことだけにとらわれずに5年後、10年後にどのような事業所にしたいかに対応した歩合給の項目も設定すること
3. 歩合給の項目ごと、またはその月の給与総額での上限を明確にしておくこと

等があげられます。

(4) 賃金表

　福祉・介護サービスの事業所においては、公務員の賃金表（号俸給表）の仕組みを準用しているケースを多く見かけます。すなわち、賃金表を設定し、毎年その中での号数をアップすることにより、次年度の基本給を決める管理方式です。これは、福祉・介護サービスがかつて措置制度であったことの理由だけでなく、職員１人ひとりの仕事ぶりを評価する人事評価（人事考課）が十分に実施されなかったことや翌年度の職員の賃金を予算化しやすかったことも理由にあげられます。

　確かに賃金表では、「どのような条件の場合にはどのような賃金となるか」が明示されます。職員にとっては、将来の基本的な賃金がどのようになるかがわかるものです。しかし、その作成と改訂にはかなりの時間と労力を費やしますので、職員数が少なく経営者が全職員の仕事ぶりを把握できるのであれば、賃金表は不要、または簡単なものでも構いません。

　賃金表によって管理する場合は、「定期昇給（定昇）」と「ベースアップ（ベア）」とを区分して行うことが原則となります。号数の上昇による昇給が「定昇」であり、賃金表全体を書き換えることが「ベア」です。その関係は、図表

図表 5-7　定昇とベア

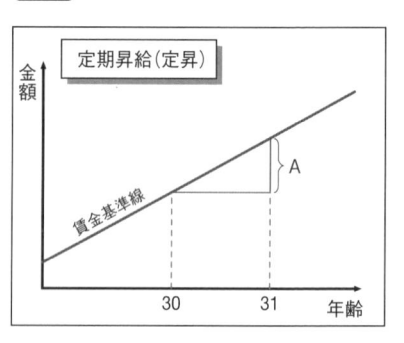

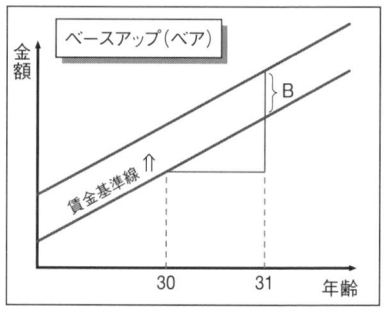

定期昇給（定昇）

ベースアップ（ベア）

168

5－7の通りです。最近では、景気回復のために政府がしきりに"ベア"を推奨しています。

(5) 主要な諸手当

諸手当は、特別の目的で特定の人に支給される補完的賃金であり、図表5－8のように仕事給的手当と生活給的手当とに分類できます。なお、一般的には諸手当の項目やその支給額を多くすると基本給の意味合いが薄れ、職員においては、どうすれば賃金を増やすことができるかわかりづらくなってしまいます。

① 役職手当（管理職手当）

役職に応じた仕事に対する責任度合いとする手当です。一般的には、残業や休日出勤の時間外手当分の意味合いも含めて支給されます。

図表 5-8 諸手当の分類

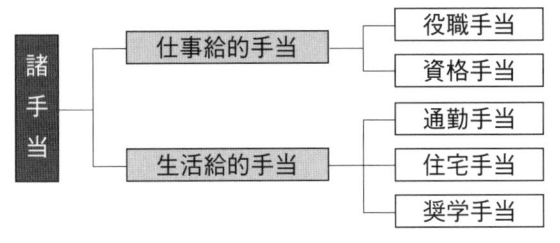

```
            ┌─ 仕事給的手当 ─┬─ 役職手当
諸手当 ─┤                     └─ 資格手当
            │                     ┌─ 通勤手当
            └─ 生活給的手当 ─┼─ 住宅手当
                                  └─ 奨学手当
```

② 資格手当

一般的には、「資格」＝「仕事の成果」ではありません。資格は必要条件であっても十分条件ではありません。事業所は「仕事の成果に対して賃金を支払うのであって、人に属する能力に賃金を支払うのではない」との割り切りが大事です。とはいっても、看護師、

准看護師、介護支援専門員、介護福祉士、社会福祉士、理学療法士・作業療法士、そして介護職員実務者研修・介護職員初任者研修資格を有する職員が事業所に数多く存在することは、「社会福祉事業における人員配置に関する基準」を満たすだけでなく、介護報酬額のアップや事業所の対外的イメージを高める上でも重要なことです。また、継続的な支給ではなく、資格を取得した時点において、表彰金や資格取得費用に対する補助金を支給する考え方もあります。

③ 通勤手当

住居と就業の場所との間を合理的な経路および方法で通勤するための費用を支給する手当です。通勤手当としてではなく、3か月単位の定期乗車券などの現物で支給するケースもあります。なお、給与規定などに「通勤手当は非課税限度額を上限とする」と規定しているケースがあります。基本給20万円の職員に非課税限度額である10万円の通勤手当を支給することはどう考えても不合理です。その支給限度額は2万〜4万円が妥当ではないでしょうか。

④ 家族手当

日本社会の慣習を色濃く残している手当です。しかし、家族手当は、業績への貢献と私生活の状態との関連づけが難しいことから廃止すべきであり、職員の生活支援の観点からは、奨学手当（子女教育手当）へ移行すべきと考えます。

⑤ 奨学手当（子女教育手当）

奨学手当（子女教育手当）を支給するケースが増えています。たとえば高校生の子女を扶養する職員には月額10,000円、大学生の子女を扶養する職員には月額12,000円（下宿等自宅以外からの

通学の場合20,000円）を支給するといった具合です。この場合は、子女1人当たり7年間で最大132万円の支給となります。賃金総額を抑えながら、職員が教育費を必要とする時期に重点的に支給し、生活を支援する手当です。職員から感謝されると同時に事業所へのロイヤリティが高まる手当です。

⑥ 育児支援手当

一定要件に該当する子を持つ女性に対して、託児所や保育所の費用の一部を支援する「育児支援手当」を支給する事業所も出てきました。潜在介護福祉士、潜在看護師などの人たちを掘り起こすことが主な目的ですが、女性労働者に対する求人活動においても他の事業所と差別化を図ることができる手当項目です。

⑦ その他の手当

諸手当の項目とその支給額はあまり増やすべきではありませんが、諸手当の支給は、経営者の職員に対する想いを伝える最も有効的な手段でもあります。

(6) 割増賃金

1日8時間、週40時間を超える法定時間外労働（残業）には、割増賃金を支給しなければなりません（所定労働時間が7時間の場合、7時間を超え8時間までの間は、法定時間外労働とはなりません）。また、法定休日の労働には休日割増賃金を支給する義務がありますが、法定休日は1週間に1日の日曜日と規定したならば、週休2日制の土曜日での休日労働には休日割増賃金を支給する必要はありません。

最近では、職員または元職員からサービス残業について訴えら

れ、労基署からの是正勧告により過去に遡って割増賃金（残業代）分を支払った事例も発生しています。また、最近の"ブラック企業"問題のように企業経営の遵法性（コンプライアンス）がクローズアップされている今日においては、職員のサービス残業を軽視し、見て見ぬふりをするのは事業所にとって大きなリスクとなります。

　㋐　割増賃金＝1時間あたりの賃金×割増率×法定時間外労働時間

　㋑　1時間あたりの賃金 ＝ $\dfrac{1か月の賃金}{1か月の所定労働時間数}$

　㋒　割増率（参照：第4章4）

① **1か月の賃金額**

　職員に一律に支給されない次の手当は、労働との直接的関係が薄いことから割増賃金の基礎となる「1か月の賃金」には算入しません。

　㋐　家族手当
　㋑　通勤手当
　㋒　別居手当
　㋓　子女教育手当
　㋔　住宅手当
　㋕　臨時に支払われた賃金
　㋖　1か月を超える期間ごとに支払われる賃金

4 賃金形態管理

賃金形態は以下の7点に分類できます。

① **出来高制**

　労働者の製造した物または提供したサービスの量・価格や売上

額などに応じた一定比率で賃金額を決める制度です。出来高が個人の能力や努力の差ではなく、設備能力や環境などに左右されるようになった現在においては、馴染みが薄くなった制度です。労基法では「使用者は、労働時間に応じ、一定額の賃金の保障をしなければならない」としています。なお、その一定額の賃金保障とは、「少なくとも平均賃金の60％程度を保障することが妥当であろう」との見解が出ています。

② 能率給制

時間当たりの標準生産高を予め設定し、それに対する実際の生産高の割合（能率）を定められた賃金額に乗じて支給する制度です。

③ 時給制

賃金の1時間の単価を決め、実際に労働した時間数によって賃金を支払う制度です。

④ 日給制

賃金の1日の単価を決め、出勤した日数によって賃金を支払う制度です。

⑤ 日給月給制

職員が欠勤し、遅刻早退した場合は、その分を月給から差し引く制度であり、月額欠勤等控除制度ともいいます。月給制といった場合、一般的にはこの日給月給制を指します。

⑥ 完全月給制

職員が欠勤しようが、遅刻早退しようが関係なく月給を全額払

う制度です。管理・監督者に採用されることが多い制度です。

⑦　年俸制
　１年ごとの人事評価に基づいて翌年の年収を確定するなどの制度であり、実力、能力のある職員にはより多くの賃金を支払い、そうでない職員には支給額を抑制することが可能な制度です。

　年俸制導入における条件は、
　㋐　その対象者が経営者に近い地位（施設長、事務長等のマネジャー職）であること
　㋑　また、その対象者は少なくとも600万円程度以上の年収層であること
　㋒　客観的な人事評価システムがあること
の３点です。その設定方法の一例としては、
　㋐　年俸対象職員は、「希望年俸÷人件費対事業活動収入率＝必要事業活動収入」を算出する
　㋑　㋐の達成可能性等について、上司、経営者（理事長）と摺り合わせる
　㋒　摺り合わせた必要活動収入を年俸対象職員個人の目標事業活動収入にするとともに年俸総額を決定し、年俸総額は、基準年俸と業績年俸とに区分する
　㋓　基準年俸は、「年俸総額×12/16」などの独自に設定した按分基準で算出する
　㋔　業績年俸は、「目標事業活動収入×人件費対事業活動収入率－基準年俸＋チャレンジ評価」で算出する
などですが、年俸額の交渉において、目標や業績等を数値化しづらい業態であることから、施設長やマネジャー職を除いては馴染

みにくい制度かもしれません。

5 賞与（特別給与）

　労基法等においては、賞与の支給義務はありません。しかし、日本では夏と冬に定期賞与として支給することが一般的な慣習となっています。今日では、毎月の給与は職員の生活を安定させるための固定賃金として、賞与は事業者の業績や個人の業績によって左右される変動賃金とする業績賞与制度として位置づける考え方が多くなっています。特に福祉・介護サービスの事業所は、月次の賃金において職員間の差をつけづらい職種であるため、賞与でそれをカバーするといった理由からです。

　賞与は、事業所業績と連動するシステムとし、事業所の業績が悪ければ賞与支給総額は少なくなるという利益分配的な性格を持たせるべきでしょう。そのためには、人件費対事業活動収入率を用いて算出した賃金総額から月次の賃金総額を減じた金額を賞与支給原資として職員で按分するという考え方をとります。この考え方であれば、時間外労働（残業）代が増えようが、賞与で賃金総額を調整することが可能です。ただし、その支給基準は予めオープンにしておくべきです。自分達の頑張り具合が、自分の賞与にどのように反映するかをわかりやすくすることが事業所と職員との一体感を高めることになります。

　賞与の主な算定方式は以下の３点です。

① **基本給連動方式**
　福祉・介護サービスの事業所において、一般的に採用されている方式です。職員の基本給に月数などの支給率、または人事評価

結果による掛け率（係数）を乗じて算出します。
　あくまで基本給が基準となりますので、その基本給の額の妥当性が問われる方式です。

●事例
　一般職員個人の支給額＝基本給×支給率×出勤率×評価係数
　マネジャー職個人の支給額＝（基本給＋役職手当）×支給率×
　　　　　　　　　　　　　　　個人評価係数×部門評価係数
　支　給　率：前期の支給額、今期の業績の見通しから全員一
　　　　　　　律に数か月分に設定
　出　勤　率：査定期間での出勤日数÷査定期間での要出勤日数
　　　　　　　（遅刻、早退日は0.5日として計算）
　個人評価係数：査定期間での3段階評価
　　　　　　　　A評価＝1.1、B評価＝1.0、C評価＝0.9
　部門評価係数：査定期間での3段階評価
　　　　　　　　A評価＝1.1、B評価＝1.0、C評価＝0.9

---

② ポイント方式
　基本給連動型は、基本給が年齢給的な要素が強いことから年功的な運用となりがちです。その一方で、ポイント方式は、より成果主義的な要素に基づいて賞与支給総額をどのように分配するかを定めるための方式です。まず、成果について評価配分のためのルールを決定します。そのルールに基づいた各職員のポイントを算出し、賞与支給可能原資を全職員の合計ポイントで除したポイント単価に乗じて算出する方式です。
　なお、賞与支給可能原資は、予め定めた目標人件費対事業活動

収入率を用いて算出した目標賃金総額から見込みの月次賃金支払総額を減じた額とすべきです。

●事例

職員個人の支給額＝個人ポイント×ポイント単価

個人ポイント：等級ポイント×個人評価掛率×部門業績率×職種掛率

ポイント単価：賞与支給可能原資÷Σ（対象となる職員の個人ポイント）

各ポイントの設定例

(等級ポイント)

一般職員層		マネジャー職層	
等級	ポイント	等級	ポイント
1	10	4	60
2	20	5	75
3	30	6	100

(職種掛率・一般職員のみ)

職　種	掛　率
看護師	1.50
介護支援専門員	1.25
介護福祉士	1.25
介護職員実務者研修	1.00

(個人評価掛率・部課業績掛率)

個人評価：一般職員層		個人評価：マネジャー職層		部門業績	
評価ランク	掛率	評価ランク	掛率	評価ランク	掛率
S	1.20	S	1.40	S	1.20
A	1.10	A	1.20	A	1.10
B	1.00	B	1.00	B	1.00
C	0.90	C	0.80	C	0.90
D	0.80	D	0.60	D	0.80

③　特別賞与方式

　インセンティブ制度の1つとして、年度末に定期賞与とは別に特別賞与を支給する方式です。事業所が「貴方の頑張りを見ていましたよ。これからも期待しています」との意味合いを込めて支給するのも1つの手法です。同じ賞与を支給するにも、その見せ方が重要です。

6　退職金

　元々は、暖簾分けから始まったといわれる退職金制度ですが、この制度を設けるかどうかは、事業所の自由意思です。退職金規定を設けた以上は支払義務が生じ、設けなければ支払義務は生じません。しかし、多くの一般企業では高度成長期からバブル期にかけて、勤続年数が長くなればなるほど有利な退職金カーブ（基本給連動方式）の退職金制度が設計され、優秀な人材を引き止めるための手段としてきました。今やその制度が、賃金の高騰、団塊の世代の退職と相まって経営の根幹を揺さぶる問題ともなっています。早い段階で退職金制度を再検討しておくべきです。

①　退職金制度の目的
　なぜ退職金を支給するかといえば、
　㋐　有能な人材の足止め策として
　㋑　人材募集のための労働条件として
　㋒　永年勤続の功労報酬として
　㋓　退職後（老後）の生活保障として
　㋔　賃金の後払いとして
の5点ですが、一般論よりも、事業所として退職金をどのように

考えるかでそのあり方は変わります。

② 退職金制度の種類
1）自己完結型
　　退職者に対し事業所の退職金規定に基づいて計算した退職金を事業所が一時金または年金で支払うものです。
2）外部積立型
　　事業所と職員（退職者）に加えて第三者機関が関与する制度です。第三者機関の制度としては、以下のものがあります。
・生命保険（福利厚生プラン）
・中小企業退職金共済制度（勤労者退職金共済機構）
・社会福祉施設職員退職手当共済制度（福祉医療機構）
・厚生年金基金制度
・確定拠出年金制度（日本版401Ｋ）

　外部積立型は、一時的に退職金支給の負担が集中することを避け普段から退職金原資を積み立てることができ、かつ税制上の優遇措置も受けられる制度です。「確定給付型」と「確定拠出型」とに分けることができます。

③ 退職金額または拠出金（掛金）額の算定方式
　退職金規定で、予め退職金の額、またはその額の算定方式を定めるものは「確定給付型」となり、一方、予め拠出金（掛金）の額を定めるものは「確定拠出型」となります。当然ながら、その併用型もあります。なお、確定拠出型は、確定給付型と異なり毎月（毎年）の拠出金（掛金）支払いの都度、退職給付債務が清算されているため、職員の退職時には何も負担する必要は

ありません。
　その算定方式については、以下の方式が一般的です。
1）定額方式
　　勤続年数別に退職金の額、拠出金（掛金）を事前に定めておく方式です。退職者の勤務成績、事業所への貢献度については、別途「功労加算金」を支給することによって格差をつけるケースが多いようです。
2）基本給連動方式
　　退職金額については、
　　退職時の基本給×勤続年数係数×退職事由係数
で算出する確定給付型の方式です。しかし、それでは、
　　・退職者の勤務成績、会社への貢献度が反映されないこと
　　・基本給の増額を避けるため手当支給項目を増やすことで複雑な賃金体系となること
　　・年俸制への移行にともない基本給の概念がなくなること
から月次の基本給と連動させない算定方式、成果をもたらした人材を厚く処遇する仕組みへの移行を検討する事業所が増加しています。
3）別テーブル方式
　　現在の基本給の賃金表とは別に退職金、または掛金算定用の基礎賃金表を設ける確定給付型の方式です。
4）ポイント方式
　　資格等級や役職在任期間に応じたポイントに応じて算定する方式であり、確定給付型です。
　　退職金＝（勤続ポイント＋資格等級ポイント累計＋役職
　　　　　　ポイント累計）×ポイント単価
の算出式で表せます。ポイントの事例は、図表5－9の通り

です。
　ポイント方式は、基本給と連動せずに、職員の実力、能力、職責の重さ、貢献度などを反映できる合理的な方式です。
　しかし、
・30年前に付加されたポイントも今年付加されたポイントも同じとなる
・価値の時間的変化には対応できない
欠点を併せ持ちます。
5）役職・資格等級別掛金確定方式
　資格等級や役職在任期間に応じたポイントではなく毎月の掛金などの支払金額を定める方式であり、確定拠出型です。

図表 5-9　勤続、資格等級、役職ポイント例

勤続ポイント表		資格等級ポイント表		役職ポイント表	
勤続年数	ポイント	等級	ポイント	役職	ポイント
3年	15	M3	30	施設長	10
4年	23	M2	25	副施設長	8
5年	31	（略）	（略）	課　　長	5
6年	39	2	7	主　　任	3
（略）	（略）	1	5		
23年	180				
24年	185				
25年	190				

福祉・介護サービスの事業所においては、「中小企業退職金共済制度」を利用した役職でのポイント制による確定拠出型に、保険商品（生命保険などの福利厚生プラン）を併用するタイプがよいのではないでしょうか。

　なお、「中小企業退職金共済制度」とは、単独で退職金制度を構築することが困難な中小企業のために、国の援助と相互扶助により行う制度であり、中小企業、個人事業主が従業員を被共済者として独立行政法人勤労者退職金共済機構と退職金共済契約を締結するものです。その特徴は、以下の通りです。

　㋐　国が掛金の一部を補助する。
　㋑　掛金の全額を損金算入できる。
　㋒　掛金月額、納付月数とその時点での予定運用利回りをもとに定められた「基本退職金」と、実際の運用で運用利回りを超えた場合の「付加退職金」とからなる。
　㋓　職員ごとの掛金は5,000円から10,000円までの1,000円刻み、12,000円から30,000円までの2,000円刻みで自由設定が可能、またパート職員には2,000円、3,000円、4,000円の特例がある。
　㋔　掛金の変更は可能であるが、減額の場合は、職員の同意が必要である。

　また、社会福祉施設においては、独立行政法人福祉医療機構による「社会福祉施設職員等退職手当共済制度」が用意されています。この制度は職員単位で掛金を設定できるのではなく、事業所の職員総数によって掛金が設定されます。詳細については、福祉医療機構のホームページをご参照ください。

7 人事評価(人事考課)

　人事評価（人事考課）とは、「個々の職員の職務能力、勤務態度、業務成績等を一定の合理的な評価要素に従って、上司などが事実に基づいて正確に測定し、客観的に評価すること」です。個々の職員がどういう姿勢で仕事に向かい、どのような実績を残したか、その仕事に必要な能力をどれくらい持っているかを正確に知ることによって、賃金、昇格、能力開発などに役立てる手続きです。

　人事評価は、難しいものです。情意評価などの個人的主観が入る要素も多いことから人事評価に満足する職員は少なく、一般的に職員は自分の評価を2～3割高く見積もっているそうです。また、上司が部下へ納得感のあるフィードバックを行うためにはそれ相応の能力、または歴然とした部下との力量差が必要です。人事評価を単なる値踏みの視点、処遇を格付けるものではなく、キャリアパスの観点から今後どのようにその職員を育てるかを考える「仕組み」と位置づけるほうが受け入れ易いと考えます。

　職員を育てる観点からも、人事評価表に基づく人事評価を実施しておくべきでしょう。

(1) 人事評価の基準

　人事評価の体系としては、
- ㋐　能力評価：経験や教育でストックされた潜在的な職務遂行能力（理解力、判断力、表現力、問題解決力、指導育成力といった抽象化した項目で各人の仕事ぶりを評価）
- ㋑　情意評価：仕事に対する姿勢、勤務態度など（積極性、協調性、規律性、責任感などといった主観的な評価であり、社

会人としての基本姿勢を問う評価）
　㋒　業績評価：一定期間にフローとして顕在化した職務遂行能力（仕事の量、質、業務改善実績などにおける数値による客観的な評価）

の3つがあります。この能力、情意、業績は、図表5－10のような因果関係で捉えることができます。まず、職員の能力があって、それが行動につながることではじめて業績となります。結果である業績ばかりを追い求め、その原因である能力と情意を軽視することには問題があります。環境・状況による運、不運もつきまとうことに留意しておかなければなりません。非営利組織においては、業績至上主義のマネジメントは馴染みにくいものです。

　なお、事業所の人事評価は、加点主義で評価すべきです。事業所は、被評価者が少ないことやその業務特性からして減点主義に傾きがちです。減点主義は、人の長所を埋没させます。加点主義は人の短所を問題視しそれを直そうとするより、その人の長所をさらに伸ばそうとする発想です。地道な努力や作業を軽視し、無謀な挑戦までを認めるわけではありませんが、失敗しなかったという点を重視し、たとえ難しい仕事、新たな仕事に挑戦しても失敗すれば大きな減点がなされるような評価であれば、人は育ちませんし、将来に向かって挑戦する風土も育ちません。

図表 5-10　人事評価の要素と因果関係

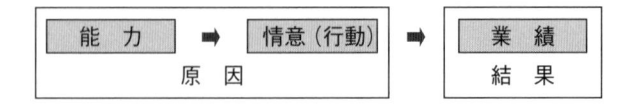

能　力	➡	情意（行動）	➡	業　績
原　因				結　果

(2) 人事評価の評定誤差

人事評価を適切に実施することは難しいことです。できる限り、
- ㋐　透明な人事評価
- ㋑　公平な人事評価
- ㋒　納得できる人事評価

に近づけるためには、評価をする評価者の能力に負うともいえます。評価者が、人事評価における評定誤差などの理論と「自分の評価の癖」を十分に理解し、基準どおりの評価を行うための訓練も必要となります。

- ㋐　中心化傾向：評価が中央に集まりやすいこと
- ㋑　寛大化傾向：被評価者の評点を高めにつけてしまうこと
- ㋒　ハロー効果：被評価者の特定要素に対する印象が他の要素に影響を与えること
- ㋓　論理誤差：評価者が「交渉力」と「実行力」といった類似の評価項目を同じものと思いこんでしまうこと
- ㋔　対比誤差：被評価者を評価者自身と対比させ過大、または過小に評価すること
- ㋕　期末効果：期末の評価を全体の評価としてしまうこと

(3) 人事評価の方法

人事評価の方法としては、次の3つがあります。

① **記録法**：日常の行動をチェックし、記録する方法

出欠・遅刻・早退を記録する勤怠記録、業績とその評価根拠を記録する業績記録、業績記録に評価者の指導内容の記録も加えた指導記録があります。

② **絶対評価法**：一定の評価基準に対する個人の達成度を評価する方法

　基準を設定してどれくらい達成したかを評価する方法であり、全員が基準を満たせば全員に５段階評価の５がつきます。「目標による管理」の考え方からすると絶対評価しかありませんが、何を基準とするかの設定が重要なポイントとなります。

③ **相対評価法**：一定の集団内で対人評価により序列をつける方法
　たとえば上位10％までが５段階評価の５、次の20％までが４というように決める制度であり、競争意識のあることが前提となります。職員数が少ない事業所には馴染みません。

　評価が処遇と結びつく場面では、相対評価が必要です。しかし、事業所と職員が進むべき方向を評価基準として設定し、その達成度を評価する絶対評価の要素もなければ評価の精度は下がってしまいます。そのためには、その評価基準を明確にするとともに、評価のバラツキをなくしていく組織的な努力が必要となります。また、評価者への訓練は、単純に能力や業績の測り方だけでなく、仕事の与え方についても訓練する視点が必要となります。

(4) 360度人事評価（多面人事評価）

　360度人事評価とは、より公平な評価の実現に向けて、上司、同僚、部下、顧客（利用者）といった多方面の複数の評価者が行う評価情報を人事評価に活用することをいいます。各評価者とそのポイントは、次の５点です。

① **本人**：自分自身の行動を客観的に見直す機会となる。
② **同僚**：情報量が多く質も高く、かつ職員間のコミュニケー

ションが活発化する。一方、感情や恣意が入りやすい。
③ **部下**：部下への指導実態、部下の要望・不満が明確になる。一方、上司の仕事内容が理解できないため感覚的な評価となりやすい。
④ **顧客（利用者）**：顧客（利用者）およびその家族の潜在ニーズを汲み取ることができるとともに顧客志向主義の姿勢を顧客にアピールし、顧客サービスの質的向上が期待できる。一方、顧客（利用者）に作業を強いることになる。
⑤ **上司の上司**：直属上司よりも率直、公平に評価できるが、実態を十分把握していないことが多い。また直属上司への評価が影響しやすい。

360度人事評価は、期待したほどの成果を収めていないようです。全方位から評価されることへの萎縮、また普段から本人を詳細に見ていない人が複数で評価しても客観的な評価になり得ないことなどがその理由です。

(5) 人事評価と処遇への反映

人事評価は、職員の能力開発やその処遇につなげます。処遇には、昇給、賞与、昇格の3つがあります。人事評価における能力評価、情意評価、業績評価の3つの評価を処遇にどのように結びつけるかは、その事業所の経営者の考え方次第です。各評価のウエートづけの一例が図表5-11です。

図表 5-11　人事評価の種類と配分例

	人事評価の種類	マネジャー職 (%)	中堅職員 (%)	一般職員 (%)
昇給	情意評価	0	20	30
	能力評価	50	60	60
	業績評価	50	20	10
賞与	情意評価	0	10	20
	能力評価	0	10	60
	業績評価	100	80	20
昇格	情意評価	10	20	30
	能力評価	40	40	40
	業績評価	50	40	30

(6) 面接制度

　経営者（上司）と部下が、定期的にミーティングの場を持ち、部下の仕事内容、その悩みや不満、目標達成状況、評価結果、OJTなどの教育・訓練体制、将来の希望などを話し合う制度です。

　職員数が少ないと「改まって、そんなことをしなくとも……」と思われるかもしれません。しかし、まとまった時間を取って、業務への不安や不満を取り除いてあげる場を持つことや、1対1で部下の行動の良かった点は何か、悪かった点は何かを率直にフィードバックするための場を持つことは、仕事や評価に関する理解が深まり、より納得した人事評価制度になり得ます。併せてコミュニケーションが強化される効果も生み出します。特に、人事評価のフィードバックは職員に公開されてはじめて透明性、公平性が芽生え、面接してはじめて納得性を生むものです。

　仕事の結果のフィードバックがなされないことは無視されているとも受け止められます。人は批判されるよりも無視されたほうが傷つくものです。また、「目標による管理」での目標設定にお

いても面接制度は、その効果を発揮します。人が成長するためには、その人の能力よりも少し高めの目標に挑戦する必要があります。背伸びすれば届くか届かないかくらいの高さです。事業所の全体目標との整合性を保ちながら、個人ごとの挑戦すべき目標値を面接によってしっかりと議論しましょう。

人事評価表については、**参考資料-⑤⑥**を参照してください。

8 パートタイマー職員の賃金管理

パートタイマー職員、ならびにアルバイトや契約職員の賃金管理においては、「最低賃金法」と「パートタイム労働法」に留意しなければなりません。最低賃金は都道府県ごとに設定され、通常は毎年9月～10月にかけて改定されます。

(1) 時給額の決定

一般的に、パートタイムの職員に対しては時給による賃金の支払い形態です。その額を決定する要因としては、正職員の決定要因とは異なり、次の内容を考慮して決めます。

㋐　同地域、同職種での世間相場
㋑　介護報酬との比較
㋒　最低賃金法への配慮
㋓　正職員との均衡

「パート職員は一律○○○円」といった賃金の決め方が一般的でしたが、正職員と同様に職務遂行能力、勤務態度などで適切な賃金格差をつけることもパート職員におけるモチベーションアップの観点から必要です。

(2) 賃金改定

　支給形態が時給であっても、人材の確保、モチベーションアップの観点から必要に応じた賃金改定は欠かせません。その改定時期としては、

　㋐　契約更改時
　㋑　正職員の初任給がアップした時
　㋒　経験を積んで明らかな能力向上が見られた時
　㋓　担当業務に対する責任が重くなった時
　㋔　正職員との賃金格差が目立つようになった時
　㋕　世間相場や他事業所との賃金格差が見られた時
　㋖　業務効率の大幅な改善が見られた時

等が挙げられますが、契約更改時がほとんどでしょう。

　なお、賃金改定以外でパート職員のモチベーションを高める方法としては、正職員と同様、人間ドック受診などの福利厚生面での充実、並びに教育研修受講機会の提供などの施策があります。その際には、現物給与として課税されない範囲内とすることの注意が必要です。

第6章

能力開発
－人材育成には仕組みづくりが必要

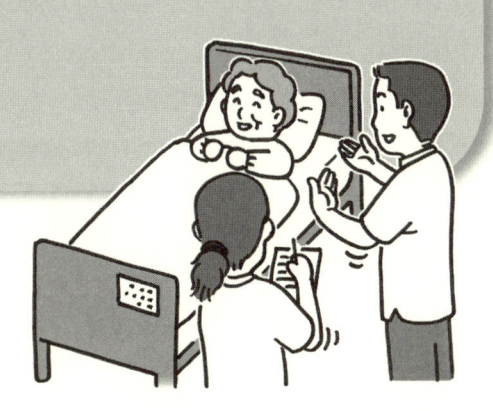

一般的なサービス業において売上高の増加を図るためには、「P（単価）×Q（数量）」のPである商品単価、サービス提供単価を上げるか、またはQである顧客件数を増やすしかありません。しかし、福祉・介護サービスの場合、事業者がサービス提供単価を独自に設定することはできません。したがって、福祉・介護サービスの関連事業における収入増加のための対応策としては、以下の流れとなります。
　①　顧客たる利用者数の増加を図ること。
　②　その利用者数増加を図るためには、
　　・既存利用者を固定客として囲い込み、「固定客の利用回数」を増やすこと
　　・「新規利用者」を増やすこと
　　の2点。
　③　この2点を実現するためには、口コミによる「事業所の評判」を高めること。
　④　事業所の評判を高めるためには、「サービスの品質」を高めること。
　⑤　特に、ユニットケア、グループホーム、小規模多機能施設等の個別ケアが進められる中、職員の医療・看護の知識を強化すること。（参照：第2章2図表2−7）

　福祉・介護サービスは、利用者という人間を相手としたサービス業務です。サービスの品質とは、「その利用者にとってベストな生活」をするための支援を利用者とその家族の身になって実践できるかどうかではないでしょうか。
　そのための優秀な職員の確保が必要となりますが、労働市場から簡単に「優秀な職員」を調達できるものでもありません。同業

者との差別化を図るためにも、長期的視野に立っていかに期待する人材に育てあげるかが経営上の重要課題となります。優秀な人材は、外から獲得するものではなく、内から育てるものと腹を括ることではないでしょうか。

なお、『平成25年度介護労働実態調査』(㈶介護労働安定センター)からみる教育・研修の実施状況は、**図表6－1、2**の通りです。

教育・研修計画の策定等にあたっては職員別の介護能力や職員の希望を反映したものとし、就労ニーズに応じた多様なキャリアパス(参照：第2章1(3))を用意するなどのキャリアマネジメントも求められます。

また、経営者(理事長)には、職員の成長を心から願うことも必要です。しかし、能力開発の主体者はあくまで職員本人です。職業能力を身につけるためにはある程度の仕掛けやインセンティブも必要ですが、職員のモチベーションを喚起し、スキルの向上を図り、そして個人の強みを活かす職場環境を創ることが人材を財産化することにつながります。

人材育成に熱心な事業所には優秀な人材が集まるようです。

図表 6-1　訪問介護員、介護職員の人材育成の取り組み状況

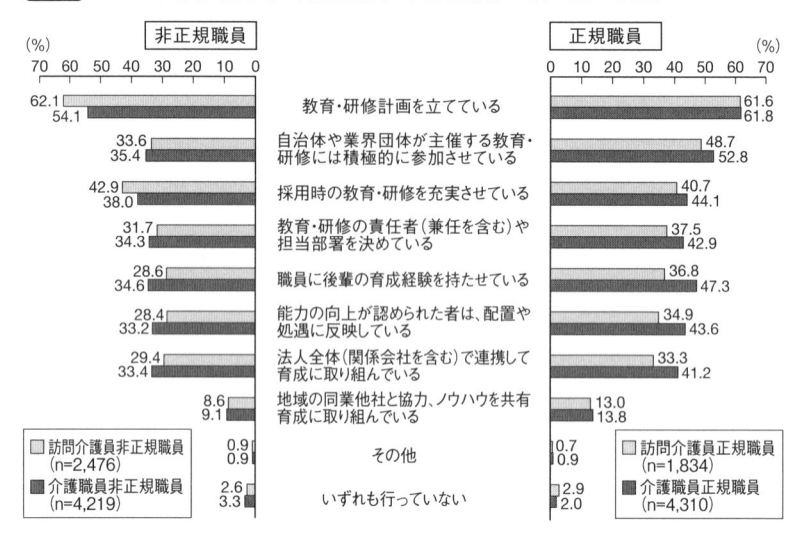

取り組み内容	訪問介護員非正規職員(n=2,476)	介護職員非正規職員(n=4,219)	訪問介護員正規職員(n=1,834)	介護職員正規職員(n=4,310)
教育・研修計画を立てている	62.1	54.1	61.6	61.8
自治体や業界団体が主催する教育・研修には積極的に参加させている	33.6	35.4	48.7	52.8
採用時の教育・研修を充実させている	42.9	38.0	40.7	44.1
教育・研修の責任者(兼任を含む)や担当部署を決めている	31.7	34.3	37.5	42.9
職員に後輩の育成経験を持たせている	28.6	34.6	36.8	47.3
能力の向上が認められた者は、配置や処遇に反映している	28.4	33.2	34.9	43.6
法人全体(関係会社を含む)で連携して育成に取り組んでいる	29.4	33.4	33.3	41.2
地域の同業他社と協力、ノウハウを共有育成に取り組んでいる	8.6	9.1	13.0	13.8
その他	0.9	0.9	0.7	0.9
いずれも行っていない	2.6	3.3	2.9	2.0

出所：介護労働実態調査

図表 6-2　1年間の教育・研修等の実施状況

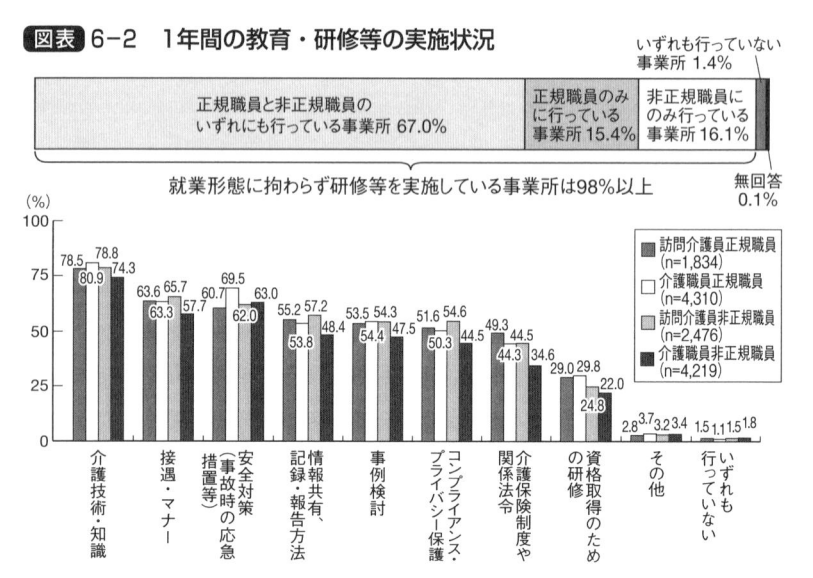

区分	割合
正規職員と非正規職員のいずれにも行っている事業所	67.0%
正規職員のみに行っている事業所	15.4%
非正規職員にのみ行っている事業所	16.1%
いずれも行っていない事業所	1.4%
無回答	0.1%

就業形態に拘わらず研修等を実施している事業所は98%以上

研修内容	訪問介護員正規職員(n=1,834)	介護職員正規職員(n=4,310)	訪問介護員非正規職員(n=2,476)	介護職員非正規職員(n=4,219)
介護技術・知識	78.5	80.9	78.8	74.3
接遇・マナー	63.6	63.3	65.7	57.7
安全対策(事故時の応急措置等)	60.7	62.0	69.5	63.0
記録・報告方法	55.2	53.8	57.2	48.4
情報共有、事例検討	53.5	54.4	54.3	47.5
コンプライアンス・プライバシー保護	51.6	50.3	54.6	44.5
介護保険制度や関係法令	49.3	44.3	44.5	34.6
資格取得のための研修	29.0	24.8	29.8	22.0
その他	2.8	3.7	3.2	3.4
いずれも行っていない	1.5	1.1	1.5	1.8

出所：介護労働実態調査

1 教育・訓練

　職業能力開発の基本は、様々な経験を積む日々の仕事の中にあります。OJT（On the Job Training）は、日々の仕事の中で実践的に訓練することです。OJTによる能力開発をより効果的に行うためには、仕事の節目、節目で集合研修（Off-JT：Off the Job Training）を組み入れる必要があります。経験から得た知識やノウハウを改めて体系化する機会を持つことによって、自分自身の強みと弱みを知ることができます。OJTとOff-JTをうまく組み合わせることが能力開発において有効な手段となります。また、OJTは、被訓練者だけでなく、トレーナーにも有効な教育手段です。知識や技術というものは、他人へ教える中で体系化していくものであり、相乗効果のある組織学習ともいえるでしょう。

　コーチングの考え方も参考になります。コーチングはスポーツ界にそのルーツがあります。プロ野球でも、才能はあるけれど芽が出なかった選手を一人前に育てて活躍させる監督がいます。その監督の手腕とは、選手を、指示命令されて動く「依存型」から自ら考え自ら動く「自立型」へと意識を変革せしめ、そして自らの持つ才能を最大限に発揮させることです。スポーツの世界でもビジネスの世界でも優れたマネジャーとは、部下の才能を分析し、その強みを活かした活躍の場所を提供し、任せてみることができる人です。

(1) OJT

　理解させるまでが教育であり、できるようにするまでが訓練です。OJTは、「実地訓練」とも称されるように仕事ができるようにするための実地的な経験を積む訓練です。訓練は、

① 目標（修得すべき技能や知識は何か？）
　② 期間（いつまでに修得させるのか？）
　③ 方法（誰がどのように教えるのか？）
　④ 評価（習得度合いの判定をどうするのか？）

の４点が明確でなければなりません。したがって、ただ単に仕事をさせておけばOJTというわけではありません。また上司（トレーナー）の「目標による管理」における評価項目の１つに入れただけではOJTという名の悪意なき放任が起こります。OJTの核心は「修羅場の経験」「異常事態への対処」にあるといわれます。その被訓練者１人ひとりに応じた、背伸びしてできる程度の課題を与え続け、そして主体的な問題解決への体験を積ませることがOJTでは重要です。

　OJTで積極的に使いたい言葉と、そうでない言葉があります。たとえば、
　・「期待しているよ」
　・「わかってきたな」
　・「さすが」「お見事」

などの言葉は被訓練者にとってプラスとなり、逆に
　・「期待していたのに残念だ」
　・「その程度か」
　・「そんなこともできないのか」

などの言葉はやる気を失わせるマイナスとなります。わずかな心がけですが、言葉の力を活かしましょう。

(2) Off-JT（集合教育）

　一定の期間での経験から得た知識やノウハウを一旦、棚卸しをして、整理することによっていつでも使える形にまとめることが

必要になります。OJTに加え、Off-JT（集合教育）としてその機会を与えることは、より効果的な能力開発となります。福祉・介護サービス業においては、
- ① 緊急時の対応
- ② 介護技術
- ③ コミュニケーション
- ④ 予防と対策（感染症・腰痛など）
- ⑤ 医学の基礎知識
- ⑥ 福祉用具の選択と利用
- ⑦ 障害形態別のリハビリテーション
- ⑧ 介護保険制度
- ⑨ メンタルヘルス

などの知識の修得がOff-JTの大半を占めると思われます。

なお、Off-JT（集合教育）は、現在の業務と併行して実施することからその時間を確保することが一番の課題です。Off-JT（集合教育）を実施する以上は断固としてその実施を貫き通してください。教育は、長期的な視点と忍耐とが必要です。

(3) 自己啓発

自分の意思で知識、技能、経験を身につけようとする行動です。知識、技能がすぐに陳腐化する社会では自らの意欲や興味に沿った能力開発が重視されます。福祉・介護サービスの事業所における自己啓発支援策としては、
- ① 環境整備（残業時間の管理強化など）
- ② 資金援助（読書命令制度、資格取得時の報奨金など）
- ③ 動機付け（面接による自己啓発目標の設定など）

があります。

(4) コーチング

　コーチングとは、指示命令するスパルタ的指導方法ではなく、自ら答えを見つけるという人の力を信じ「問い」を投げかけることによって、その人が本来持っている才能を最大限に発揮してもらうようにサポートする指導方法です。組織の活性化のためのツールとしても注目を集めています。

　コーチ（施設長、リーダー、主任）は適切な「質問」を用いて、部下（職員）の「気づき」を促します。人は自らが答えを発見した時ほどその答えに対する強い達成意欲を感じるものです。コーチングの考え方は、

　① 人は皆、無限の可能性を持っていること
　② その人が必要とする答えは、すべてその人の中にあること
　③ その答えを見つけるためにはパートナーが必要であること

を基本としています。

(5) エルダー制度・メンター制度

　OJTとは「上司が部下に対し、仕事を通じて、意図的、重点的、計画的に指導育成するマンツーマンの教育」ですが、エルダー制度では、上司が新卒の新入職員などを直接指導するのではなく、数年先輩の社員が教育係（エルダー）となって新入職員と2人1組となり、新入職員を指導し面倒をみるという形態をとります。エルダーは、実務の指導を始め、職場生活上の相談役も担います。この制度の目的は、次の通りです。

　① 新入職員の退職を防止すること
　② 新入職員を職場の戦力として早期に育成すること
　③ 所属長が特定の新入職員にかかりきりになる状態を回避すること

④　中堅クラスの職員に指導経験を積ませることで成長を促すこと　等

　エルダー制度と類似した制度としてメンター制度があります。指導する側をメンター、受ける側をメンティと呼びます。メンターは、友人でもなく、家族でもなく単なる同僚・先輩でもない、そんな関係です。エルダー制度とほとんど実質的な違いはありません。いずれも日本におけるOJT制度が元になっています。

　他に、OJTリーダー制度、ブラザー制度、シスター制度、プリセプター制度などがありますが、エルダー制度・メンター制度とほぼ同様な制度と捉えてください。

　昨今、若手の社員は「仕事の指示待ち」であるにもかかわらず、「上から目線」を嫌います。メンター・メンティの関係は、職場において自然に発生する先輩・後輩間の人間関係を制度的に作り上げるものです。いわば、「斜めの目線」からの指導・育成かもしれません。ようやく獲得した人材を退職させないための施策の1つです。

2　介護キャリア段位制度

　介護の人材不足への危機感から、厚労省もキャリアパスの整備に乗り出しました。複雑だった資格取得ルートを見直すとともに、平成28年度までに介護福祉士の上位として、「認定介護福祉士（仮称）」の資格創設を目指しています。その期待する役割は、介護チームのリーダーに対する教育指導やサービスのマネジメント、他職種との連携の中核となり、後進の教育にあたることです。

　また、平成24年度から介護プロフェッショナルの「キャリア段位制度」が開始されました。これまでの資格制度で不足していた

「実際にその現場で何ができるのか」という部分を補うため、「わかる（知識）」と「できる（実践的スキル）」の両面を評価する「介護能力レベルの認定制度」ともいうべき制度です。業界共通のモノサシができたわけで、個人だけでなく事業所の実力を示す指標にもなります。高段位の職員を多く擁する事業所は「介護力」「教育力」の高さをアピールでき、利用者だけでなく、優秀な人材を確保する打ち手にもなります。一般的に、介護現場は人手に余裕がなく、職員教育が十分にできない事業所が多い状況ですが、キャリア段位制度に積極的に取り組むことが組織的な人材育成につながります。

3 教育訓練に関わる助成金

　雇用保険法や労働各法に基づいて教育訓練に関する助成金、補助金が支給されます。教育訓練を受けた職員本人が受給対象となる教育訓練給付制度、また教育訓練を実施した事業所が受給対象となるキャリアアップ助成金、キャリア形成促進助成金とがあります。
　以下は、教育訓練給付制度の概要です。キャリアアップ助成金、キャリア形成促進助成金については、巻末の「有効に活用したい助成金等」をご参照ください。

＜教育訓練給付制度＞
　この給付は、働く人の主体的な能力開発の取組みを支援し、雇用の安定と再就職の促進を図ることを目的とする雇用保険の給付制度です。雇用保険の一般被保険者または一般被保険者であった者が厚労大臣の指定する教育訓練を受講・修了した場合に、その

教育訓練費用の一部を負担し職員に給付してくれる制度であり、一般教育訓練給付金と専門実践教育訓練給付金とがあります。

社会福祉士、介護福祉士、介護支援専門員、訪問介護員などの資格取得やキャリアアップを目指す講座など、働く人の職業能力アップを支援する多彩な講座が指定されています。その教育訓練講座は、インターネットでの検索、またはハローワーク備え付け『厚生労働大臣指定教育訓練講座一覧』をご参照ください。

① 一般教育訓練給付金

働く人の主体的な能力開発の取組み、教育訓練受講に支払った費用の一部を支給する給付金です。労働者本人が申請し労働者が受給します。職員の自発的なスキルアップのためにも、当該給付金の活用を図るように周知してください。

〔こんな時に〕

労働者や離職者が自ら費用を負担して、厚生労働大臣が指定する教育訓練講座を受講し修了した場合

〔受給額〕

受講生本人が支払った教育訓練経費の20%に相当する額
但し、10万円を上限、4千円を超えない場合は支給なし

〔受給の条件〕
・雇用保険の一般被保険者又は一般被保険者であった者で、支給要件期間が3年以上（初回は1年以上）ある等の条件を満たしていること
・厚生労働大臣の指定を受けた教育訓練の受講を修了したこと

（指定講座は、ハローワークの教育訓練講座検索システムで閲覧可能）
・教育訓練給付を受給したことのある者は、その前回の受給から受講開始日まで３年以上経過していること

〔問い合わせ先〕ハローワーク

② 専門実践教育訓練給付金
　中長期的なキャリア形成を支援するため、より専門的・実践的な教育訓練の受講に支払った費用の一部を支給する給付金です。労働者本人が申請し、労働者が受給します。

〔こんな時に〕
　労働者や離職者が自ら費用を負担して、厚生労働大臣が指定する教育訓練講座を受講し修了した場合

〔受給額〕
・受講生本人が支払った教育訓練経費の40％に相当する額
　但し、１年間に32万円を上限、４千円を超えない場合は支給なし
・専門実践教育訓練の受講修了後、指定された資格等を取得し、受講修了日から１年以内に一般被保険者として雇用された者、又は既に雇用されている者に対し、教育訓練経費の20％に相当する額を加算
　但し、144万円を上限（訓練期間が３年・２年の場合は96万円、１年の場合は48万円が上限）、４千円を超えない場合は支給なし

〔受給の条件〕
・原則として、教育訓練受講前に訓練対応のキャリア・コンサルティングを受けていること
・雇用保険の一般被保険者又は一般被保険者であった者で、支給要件期間が10年以上（初回は原則２年以上）ある等の条件を満たしていること
・厚生労働大臣の指定を受けた教育訓練の受講を修了したこと（指定講座は、ハローワークの教育訓練講座検索システムで閲覧可能）
・教育訓練給付を受給したことのある者は、その前回の受給から受講開始日まで10年以上経過していること
・平成26年10月１日前に教育訓練給付金を受給していないこと

〔問い合わせ先〕ハローワーク

第7章

福利厚生
―成果を引き出す職場環境づくり

福利厚生とは、賃金とは別に職員およびその家族に対して行う施策、諸制度のことであり、職員の生活向上、労働能力や勤労意欲の向上を図る目的を持ちます。社会保険（広義）などの法定福利と事業所の自由意思で設定できる法定外福利の2つに分けられます。

　法定福利制度である社会・労働保険には、**図表7－1**の通り、労働者災害補償（労災）保険、雇用保険、健康保険、厚生年金保険、国民年金、介護保険、および後期高齢者医療制度があります。労災保険と雇用保険とを総称して労働保険といいます。狭義の意味では健康保険、厚生年金保険等を社会保険といいますが、広義にはこれらの保険を総称して社会保険と呼びます。病気や事故などへの保障は最低限の福利厚生です。

　一方、法定外福利には、社宅、寮、持ち家援助、人間ドック受診への援助、自己啓発支援等の生活費の補填的な性格をもった内容が一般的でした。しかし、経済環境の変化、ビジネス環境の変化、少子高齢化、ライフスタイルなどの社会環境の変化から余暇

図表7-1　主な社会保険の種類

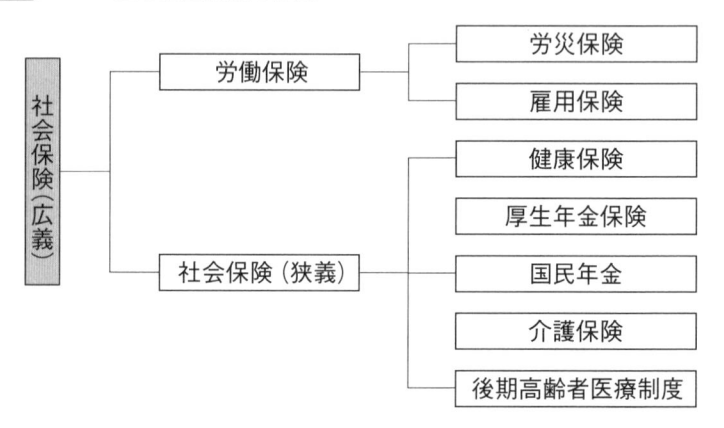

```
                        ┌─ 労災保険
            ┌─ 労働保険 ─┤
            │           └─ 雇用保険
社会保険(広義)┤
            │               ┌─ 健康保険
            │               ├─ 厚生年金保険
            └─ 社会保険(狭義)┤─ 国民年金
                            ├─ 介護保険
                            └─ 後期高齢者医療制度
```

の過ごし方も多様化し、一律的な制度では対応できなくなってきました。また、育児、介護を行いながら勤務する労働者への支援等の新たなニーズも生まれ始めていることから、柔軟性のある見直しが求められています。

　事業所が福利厚生にコストをかけるのは、優秀な職員を獲得するとともに、獲得した職員に持てる力を最大限に発揮してもらうためです。職員が安心して成果を引き出すことに集中できる環境づくりが必要です。職員のニーズを把握し、人事制度との整合性を検証した上での福利厚生制度の充実が求められます。

1 労災保険の給付

(1) 目　的
　㋐　業務災害（職員の業務上による負傷、疾病、障害または死亡）
　㋑　通勤災害（職員の通勤による負傷、疾病、障害または死亡）
に対して一定の給付を行うとともに、被災職員の社会復帰、被災職員等の援護、安全衛生および適正な労働条件の確保を行うことを目的とした制度です。

(2) 適用事業所および被保険者
　業種や規模を問わず、労働者を1人以上雇用していれば適用事業となります。また、労災保険が適用される事業所の労働者であれば、パート職員であれ、嘱託社員であれ、呼称の如何を問わず全ての職員が労災保険の適用となります。したがって、これらの労働者が業務上の災害を受けたり、通勤災害にあったりした場合には、たとえ使用者が労災保険への加入手続を怠っていた場合でも、保険給付の対象となります。

(3) 給付内容
① 療養補償給付（療養給付）
業務上の事由（通勤）による負傷または疾病により療養を必要とする場合に、現物給付である「療養の給付」または現金給付である「療養の費用の支給」が行われます。

② 休業補償給付（休業給付）
業務上の事由（通勤）による負傷または疾病により、その療養のために働くことができないことから、賃金を受けることができない場合に、休業開始日の4日目から休業補償給付（休業給付）が支給されます。給付額は、休業1日につき、原則として給付基礎日額の60%です。

③ 傷病補償年金（傷病年金）
療養開始後1年6か月を経過した日に、負傷・疾病が治癒せず、かつ一定の負傷・疾病の状態にある場合、または同日以降一定の負傷・疾病の状態に該当した場合でその状態が継続している間支給されます。

④ 障害補償給付（障害給付）
業務上の事由（通勤）による負傷または疾病が治癒した後に一定の障害が残った場合に、その障害の程度に応じて年金または一時金が支給されます。

⑤ 遺族補償給付および葬祭料（遺族給付および葬祭給付）
職員が業務上の事由（通勤）による災害により死亡した場合に、その遺族に支給されます。一定の要件に該当する遺族に対しては

年金が、それ以外の場合には一時金が支給されます。また、葬祭を行う人に葬祭料が支給されます。

⑥ 介護補償給付（介護給付）

業務上の事由（通勤）により被災し障害の状態が重度であるため常時介護・随時介護を受けている人に対して、その介護費用の実費補填として支給されます。

このほか、労災保険では労働福祉事業として、休業特別支給金、障害特別支給金、遺族特別支給金、傷病特別支給金、障害特別年金（一時金）、遺族特別年金（一時金）および傷病特別年金の特別支給金が支給されます。

(4) 保険料

労災保険の保険料は、賃金総額に保険料率を乗じた額であり、その全額を事業所が負担します。保険料率は業種によって異なりますが、医療保健業である福祉・介護サービス関連事業者の保険料率は1000分の3（平成27年4月1日現在）です。

2 雇用保険の給付

(1) 目　的

　㋐　職員が失業した場合
　㋑　職員の雇用の継続が困難となる事由が生じた場合
　㋒　職員が自ら職業に関する教育訓練を受けた場合

に、生活および雇用の安定と就職の促進のために失業等給付を行うとともに、雇用安定、能力開発、雇用福祉の3つの事業を行っ

ています。

(2) 適用事業所および被保険者

業種や規模を問わず、労働者を1人以上雇用していれば適用事業となります。

その被保険者は、以下の区分に分類されます。

- ㋐ 一般被保険者（65歳未満の常用で雇用される者）
- ㋑ 高年齢継続被保険者（65歳を超えて引き続き雇用される者等）
- ㋒ 短期間雇用特例被保険者（季節的に雇用される者）
- ㋓ 日雇労働被保険者（日々雇用される者、30日以内の期間を定めて雇用される者）

ただし、1週間の所定労働時間が20時間未満の者を除きます。

(3) 給付内容

① 育児休業給付

一般被保険者が原則として1歳未満（一定の場合は1歳2か月未満、1歳6か月未満）の子を養育するために育児休業を取得した場合、休業開始前の2年間に賃金支払基礎日数11日以上の月が12か月以上あるなどの一定要件を満たした場合に支給されます。その支給額は、育児休業開始日から180日目までは、原則として1か月当たり「休業開始時賃金月額×67％」相当額、また、それ以降については「休業開始時賃金月額×50％」相当額が支給されます。

② 介護休業給付

一般被保険者が家族を介護するため介護休業を取得した場合、休業開始前の2年間に賃金支払基礎日数11日以上の月が12か月

以上あるなどの一定要件を満たすときに、原則として1か月当たり、「休業開始時賃金月額×支給日数×40％」が支給されます。

③ 高年齢雇用継続給付

雇用保険の被保険者であった期間が5年以上ある60歳以上65歳未満の一般被保険者が、原則として60歳以降の賃金が60歳の時点に比べて75％未満に低下した状態で働き続ける場合に、

　㋐　60歳〜65歳未満の各月の賃金が60歳時点の賃金の61％以下に低下した場合
　　「実際に支払われた賃金の15％相当額」
　㋑　同賃金が60歳時点の賃金の61％〜75％未満に低下した場合
　　「その低下率に応じて、実際に支払われた賃金の15％相当額未満の額」

が支給されます。なお、この給付金の支給は、被保険者が60歳に達した月から65歳に達する月までです。

④ 一般被保険者に対する求職者給付

　㋐　基本手当
　　雇用保険の被保険者が定年、倒産、自己都合等により離職した場合に支給される手当です。基本手当の支給を受けることができる所定給付日数は、受給資格に係る離職の日における年齢、雇用保険の被保険者であった期間および離職の理由などによって90日〜360日の間です。
　㋑　技能習得手当、寄宿手当
　　公共職業安定所長が指示した公共職業訓練等を受ける場合には、技能習得手当（受講手当および通所手当）、寄宿手当が支給されます。

⑤ 再就職手当

基本手当の受給資格のある者が安定した職業に就いた場合において、基本手当の支給残日数が所定給付日数の3分の1以上あり、一定の要件に該当すれば、原則として、

　㋐　基本手当の支給残日数が所定給付日数の3分の2以上の場合
　　　「所定給付日数の支給残日数×60％×基本手当日額」
　㋑　基本手当の支給残日数が所定給付日数の3分の1以上の場合
　　　「所定給付日数の支給残日数×50％×基本手当日額」

が支給されます。

⑥ 就業促進定着手当

再就職手当の支給を受けた人が、引き続きその再就職先に6か月以上雇用され、かつ再就職先で6か月の間に支払われた賃金の1日分の額が雇用保険の給付を受ける離職前の賃金日額に比べて低下している場合に支給される手当です。

⑦ 就業手当

基本手当の受給資格のある者が再就職手当の支給対象とならない常用雇用等以外の形態で職業に就いた場合において、基本手当の支給残日数が所定給付日数の3分の1以上かつ45日以上あり一定の要件に該当すれば、「就業日×基本手当日額×30％」が支給されます。

(4) 保険料

福祉・介護サービスの関連事業所における雇用保険料は、事業主負担が賃金総額の1000分の8.5、被保険者たる職員の負担が1000分の5の合計1000分の13.5（平成27年4月1日現在）です。

③ 健康保険の給付

(1) 目 的
　被保険者またはその扶養家族が直接仕事とは関係なく、病気または負傷、もしくは死亡または出産をしたときに保険給付を行い、被保険者の生活を守ることを目的とした制度です。
　保険者としては、全国健康保険協会（政府管掌健康保険／協会けんぽ）と健康保険組合（組合管掌健康保険／組合健保）とがあります。福祉・介護関連サービスの事業者の多くは、協会けんぽに加入しているのが現況です。

(2) 適用事業所および被保険者
　㋐　法人の事業所
　㋑　法人の事業所以外で常時5人以上の従業員を使用する事業所が強制加入となります。
　適用事業所に使用される者（法人の代表者を含む）が被保険者となりますが、1週間の週の労働時間が正社員の4分の3未満で勤務するパートタイマー職員などは除外されます。
　平成24年8月成立の年金機能強化法では、パートタイマー労働者の社会保険（厚生年金、健康保険・介護保険を含む）適用拡大等の年金関連法案が成立しました。
　㋐　1週間の所定労働時間が20時間以上であること
　㋑　賃金が月額88,000円（年収106万円）以上であること
　㋒　勤務期間が1年以上であること（見込まれること）
　㋓　学生は適用対象外とすること
　㋔　従業員501人以上であること（経過措置）
等の新たな適用基準が平成28年10月から施行される予定です。

この基準が適用されると、事業所の社会保険料の負担が大きくなり、また、高い保険料を嫌うパートタイマー労働者も増えるであろうことから、経営に大きな影響を与えることとなります。

(3) 給付内容

　協会けんぽと組合健保とでは、給付内容が異なることがあります。ここでは、一般的な協会けんぽでの給付内容を記載します。

① 療養の給付

　業務以外の事由により病気やケガをしたときは、健康保険で治療を受けることができます。ただし、平成27年4月1日現在、医療機関の窓口において70歳未満の被保険者はかかった医療費の3割を、70歳以上の被保険者は2割（現役並み所得者は3割）を一部負担金として医療機関の窓口で支払います。

② 入院時食事療養費

　病気やケガで保険医療機関に入院したときは、療養の給付とあわせて食事の給付を受けられます。ただし、患者は標準負担額を支払うことになります。

③ 入院時生活療養費

　介護保険との均衡の観点から、療養病床に入院する65歳以上の者の生活療養に要した費用について、保険給付として入院時生活療養費が支給されます。

④ 保険外併用療養費

　健康保険では、保険が適用されない保険外診療があると保険が

適用される診療も含めて、医療費の全額が自己負担となります。
　ただし、保険外診療を受ける場合でも、厚労大臣の定める「評価療養」と「選定療養」については保険診療との併用が認められています。通常の治療と共通する部分の費用は、一般の保険診療と同様に扱われ、その部分については一部負担金を支払うこととなります。残りの額は「保険外併用療養費」として健康保険から給付されます。また、被扶養者の保険外併用療養費にかかる給付については、家族療養費として給付されます。
　新たな保険外併用療養の仕組みとして患者申出療養（仮称）を創設し、平成28年度から実施される予定です。困難な病気と闘う患者が国内未承認薬等を迅速に使用できるようにするものです。

⑤　療養費

　保険医療機関の窓口に被保険者証を提示して診療を受ける「現物給付」が原則となっていますが、やむを得ない事情で、保険医療機関で保険診療を受けることができず、自費で受診したときなど特別な場合には、その費用について療養費が支給されます。

⑥　訪問看護療養費

　居宅で療養している人が、かかりつけの医師の指示に基づいて訪問看護ステーションの訪問看護師から療養上の世話や必要な診療の補助を受けた場合、その費用が訪問看護療養費として現物給付されます。

⑦　移送費

　病気やケガで移動が困難な患者が、医師の指示で移送された場

合は、移送費が現金給付として支給されます。

⑧ 高額療養費
　重い病気で病院等に長期入院するなど治療が長引く場合には、医療費の自己負担額が高額となります。そのため家計の負担を軽減できるように、一定の金額（自己負担限度額）を超えた部分が払い戻される制度です。ただし、保険外併用療養費の差額部分や入院時食事療養費、入院時生活療養費は支給対象にはなりません。また、高額療養費の自己負担限度額に達しない場合であっても、同一月内に同一世帯で一定額以上の自己負担が複数あるときは、これらを合算して自己負担限度額を超えた金額が支給されます。
　なお、事前に協会けんぽの各都道府県支部に「健康保険限度額適用認定申請書」を提出してその交付を受けた場合には、一医療機関ごとの窓口での支払いを自己負担限度額までに止めることで被保険者の負担軽減が図られています。

⑨ 高額介護合算療養費
　世帯内の同一の医療保険の加入者の方について、毎年8月から1年間にかかった医療保険と介護保険の自己負担額を合計し、一定の額を超えた場合に、その超えた金額が支給されます。

⑩ 傷病手当金
　業務以外での病気やケガのために事業所を休み、事業主から十分な報酬が受けられない場合に支給されます。傷病手当金は、被保険者が病気やケガのために働くことができず連続して3日以上欠勤している場合に、4日目から支給されます。支給額は、病気やケガで休んだ期間1日につき、原則として「標準報酬日額の3

分の2に相当する額」です。

⑪ **埋葬料および埋葬費**

被保険者が亡くなった場合は、埋葬を行う人に埋葬料または埋葬費が支給されます。被保険者が死亡した場合は、埋葬を行った家族に5万円の埋葬料が支給されます。死亡した被保険者に家族がいない場合は、埋葬を行った人に埋葬料の額の範囲内で埋葬にかかった費用が埋葬費として支給されます。

⑫ **出産に関する給付**
　㋐　被保険者が出産をした場合
　　＜出産育児一時金＞

　　　原則、1児ごとに42万円が支給されます。正常な出産の場合は病気とみなされないため、定期検診や出産のための費用は自費扱いになります。異常出産の場合は、健康保険が適用されるため療養の給付を受けることができます。

　　　一般的には、被保険者が受け取るべき出産育児一時金を医療機関等が被保険者に代わって受け取る代理制度によって、被保険者が医療機関等へ支払う出産費用と精算することで、被保険者の金銭的負担の軽減が図られています。

　　＜出産手当金＞

　　　被保険者が出産のため事業所を休み、事業主から報酬が受けられないときは、出産日（実際の出産が予定日後のときは出産予定日）以前42日（多胎妊娠の場合は98日）から、出産日の翌日以後56日までの範囲内で会社を休んだ期間1日につき、原則として「標準報酬日額の3分の2に相当する額」が支給されます。

④　被扶養者が出産をした場合
＜家族出産育児一時金＞
　　被扶養者が出産した場合、被保険者に家族出産育児一時金として原則42万円が支給されます。（被保険者に支給されるものですから、被保険者が死亡した後の出産、被保険者が事業所を辞めた後の出産については、家族出産育児一時金は支給されません）

⑬　**家族療養費**
　被扶養者の病気やケガに対しては、家族療養費が支給されます。その給付の範囲・受給方法・受給期間などは、すべて被保険者に対する療養の給付と同様です。
　平成27年4月1日現在、被扶養者が外来で保険診療を受けたときは診療費の3割（未就学児は2割、70歳から74歳の者は2割（現役並み所得者は3割））相当額を保険医療機関などに支払えばよいことになります。

⑭　**家族埋葬料**
　被扶養者が死亡した場合、その埋葬の費用の一部として被保険者に家族埋葬料が支給されます。家族埋葬料の額は5万円です。

(4) 保険料
　保険料は、被保険者である期間の各月について徴収されます。保険料の額は、被保険者の標準報酬月額および標準賞与額に保険料率を乗じた額となります。協会けんぽの一般保険料率は、各都道府県にて異なります。また、協会けんぽの介護保険料率は、1000分の15.2（平成27年4月分）です。なお、協会けんぽでは、一般

健康保険料率を少なくとも1000分の107以上に引き上げなければ財政破綻をきたすとしており、今後の保険料率の引き上げは避けられないと思われます。

4 厚生年金保険の給付

(1) 目 的
労働者の老齢、障害または死亡について、一定の保険給付を行い、労働者およびその遺族の生活の安定と福祉の向上を目的とした制度です。

(2) 適用事業所および被保険者
　㋐　法人の事業所
　㋑　法人の事業所以外で常時5人以上の従業員を使用する事業所が強制加入となります。

　適用事業所に使用される70歳未満の者（法人の代表者を含む）が被保険者となりますが、1週間の労働時間が正社員の4分の3未満で勤務するパートタイマー職員などの短時間労働者は除外されます。

(3) 給付内容
① 老齢基礎年金および老齢厚生年金
　老齢基礎年金は、国民年金に原則として25年以上加入した者が65歳から受給できる国民に共通した年金です。年金額は40年加入した場合が満額となり、加入年数がそれに満たない場合は、その期間に応じて減額されます。本人が希望すれば、60歳以降から繰り上げて、あるいは65歳以降に繰り下げて受給することもできます。

また、老齢厚生年金は、厚生年金に加入していた者が老齢基礎年金の受給資格期間を満たしたときに、65歳から老齢基礎年金に上乗せして受給する年金です。年金額は「平均標準報酬月額×支給乗率×加入月数」で計算されます。これは、60歳から受けられる特別支給の老齢厚生年金の報酬比例部分と同じです。なお、老齢厚生年金には経過的加算がプラスされ、加入期間が原則20年以上ある場合、その者に生計を維持されている65歳未満の配偶者、または18歳未満の子、20歳未満で１級・２級の障害の子がいれば、加給年金額が加算されます。

② 　障害基礎年金および障害厚生年金
　障害基礎年金は、国民年金加入中に初診日がある病気・ケガが原因で一定の障害状態になったときに支給される国民年金（障害基礎年金）の給付です。20歳前や、60歳以上65歳未満（年金に加入していない期間）で、日本国内に住んでいる間に初診日があるときも含みます。ただし、保険料納付要件があり、次のいずれかの要件を満たす必要があります。①初診日のある月の前々月までの公的年金加入期間の３分の２以上の期間、保険料が納付されていること、または免除されていること。②初診日において65歳未満であり、初診日のある月の前々月までの１年間に保険料の未納がないこと。なお、20歳前に傷病を負った人の障害基礎年金については、本人が保険料を納付していないことから所得制限があります。給付は、障害の程度に応じて２段階（１級・２級）に分かれます。
　また、障害厚生年金は、厚生年金に加入している者が、在職中の病気やケガで障害基礎年金に該当する障害（１級・２級）になったとき、障害基礎年金に上乗せして受けられる年金です。１

級・2級の場合は障害基礎年金と障害厚生年金が、さらに程度の軽い障害の場合は、3級の障害厚生年金だけが支給されます。障害厚生年金を受けるためには、障害基礎年金の保険料納付要件を満たしている必要があります。

③ 障害手当金

　厚生年金に加入している間にかかった病気・ケガが5年以内に治り、3級の障害よりやや軽い程度の障害が残ったときに支給される一時金です。障害手当金を受ける場合も、障害基礎年金の保険料納付要件を満たしていることが必要です。

④ 遺族基礎年金および遺族厚生年金

　遺族基礎年金は、
　㋐　国民年金に加入中の者
　㋑　国民年金に加入していた者で60歳以上65歳未満の者
　㋒　老齢基礎年金を受けている者や受給資格期間を満たしている者

が死亡した場合に、遺族に支払われる国民年金の給付です。

　受けられる遺族は、死亡した者に生計を維持されていた18歳未満の子、または18歳未満の子のいる妻です。ただし、㋐、㋑の場合は、加入期間のうち3分の1以上保険料の滞納がないこと、平成38年4月1日前の場合は死亡日に65歳未満であれば、死亡月の前々月までの1年間に保険料の滞納がないことが条件になります。

　また、遺族厚生年金は、厚生年金に加入している者が、
　㋐　在職中に死亡した場合
　㋑　在職中の病気やケガが原因で死亡した場合

ウ　老齢厚生年金を受けている人が死亡した場合

などに、遺族に支払われる年金です。受けられる遺族は、死亡した者に生計を維持されていた配偶者、子、父母、孫、祖父母で、18歳未満の子のいる妻や18歳未満の子は、遺族基礎年金も併せて受けられます。厚生年金保険の保険料も、健康保険の場合と同様、標準報酬に一定の保険料率を掛けて計算します。

(4) 保険料

　厚生年金保険の保険料率は、平成19年9月から平成20年8月までが1000分の149.96で、以後毎年1000分の3.54ずつ引き上げられ、平成29年以降は1000分の183となり、これを事業者と職員が折半で負担します。

5 法定外福利厚生制度

　一般的な法定外福利厚生制度として以下のものがあります。
① 慶弔・災害見舞
② 自己啓発支援補助
③ 資格取得養成講座受講補助
④ 住宅利用（借上社宅利用）補助
⑤ 住宅ローン利子補給
⑥ 住宅財形貯蓄補助
⑦ 一般財形貯蓄補助
⑧ 託児所利用補助
⑨ 医療保険、医療費補助
⑩ 人間ドック（本人・家族）補助
⑪ 長期障害所得補償保険の上乗せ

⑫　介護保険補助
⑬　子供保険補助
⑭　レクリエーション費用補助

　バブル期には人材確保のため、上記以外の余暇施設などの拡充も図られましたが、はじけた後は、重い負担となった福利施策のツケの見直しが進みました。人材確保が難しくなるほど、無秩序な福利厚生制度が増える傾向にあります。
　人件費は、福利厚生費を含んだ総労働費用の視点で捉えなければなりません。福利厚生費は紛れもない人件費コストです。限られた費用の中で、少子高齢社会を前提とした制度、また費用対効果の高い制度を選択しなければなりません。しかし、職員のライフスタイルも多様化した今日では、画一的な制度だけでは、「働きやすい職場づくり」のための福利厚生制度の充実が図れなくなってきました。
　その対策の１つとして、従来の画一的な制度ではなく、各職員のニーズに合わせて利用したい福利厚生サービスを自由に選べるカフェテリアプラン（選択的福利厚生制度）があります。
　アメリカ発祥のカフェテリアプランの仕組みは、職階や家族数などによって予め各職員が利用できる福利厚生サービスの上限金額や上限ポイント数を設定しておきます。金額やポイント数は、サービス内容ごとに設置されており、各職員は事業所の提供する福利厚生サービスのメニューの中から、その金額内で、又はポイント数の範囲内で自由に選ぶことができるものです。しかし、日本はアメリカと異なって医療保険制度が充実していること、また、現金で職員に支給されると所得税がかかり税制の優遇措置を享受できなくなることなどから、あまり普及していないのが現状

です。しかし、福利厚生サービスメニューの充実、職員間の公平性の確保、職員採用活動への効果、そして新たな企業風土の醸成などに対する効果が期待できる制度と思われます。

6 介護事業者責任賠償保険制度

　福祉・介護サービスの事業所に雇用されている労働者の方々が業務中に利用者の身体を傷つけたり、利用者の物を壊したり、またはケアプラン作成ミスによって利用者に過剰な経済的負担をさせたことなどにより法律上の損害賠償責任を負わなければならない場合に、その賠償金等を補償する制度が「(財)介護労働安定センター」や「社会福祉法人全国社会福祉協議会」に設けられています。詳細についてはそれぞれのホームページを参照してください。

　施設系の介護サービスでは、事故になりかけたヒヤリ・ハットも多いはずです。不慮の事態に備えた介護事業者向けの補償保険制度であり、福利厚生の一環として、損害賠償を職員に転嫁しないで済むための補償制度と位置づけることができます。

第8章

組織・職員の活性化
― 選ばれる事業者となるために

福利厚生制度の充実による「働きやすい」職場環境づくりも大切なことですが、それよりも職員に仕事を通じて「自己成長、自己実現」の実感を得てもらうこと、「働きがい」を感じてもらうこと、それが「仕事のワクワク感」を生じさせる源泉でしょう。決して、報酬（賃金）が多ければ多いほど、働きがいが高くなるとは言えません。

　「働きがい」「やる気」のメカニズムを外圧的要因、内圧的要因から図式化したものが図表8-1です。それぞれのキーワードを記載しています。心の折れやすい職員が増えた現状においては、特に「存在感」、言い換えれば「居場所」が重要なキーワードではないでしょうか。

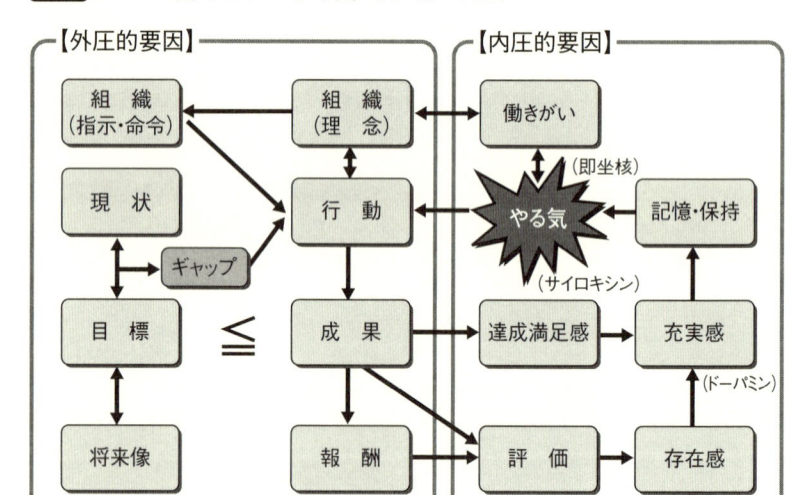

図表 8-1　"働きがい""やる気"のメカニズム

【外圧的要因】

組織（指示・命令）／組織（理念）／現状／行動／ギャップ／目標／成果／将来像／報酬

【内圧的要因】

働きがい／やる気（即坐核）／記憶・保持／達成満足感／充実感（サイロキシン）／評価／存在感（ドーパミン）

226

経営者の仕事とは、
① 経営理念を決め、組織に命を吹き込む
② 経営戦略を決め、実行する
③ 適正な事業収支差益（利益）を確保する
④ マネジャーを育成する
⑤ 組織を活性化する
⑥ 学習と成長の仕組みを作る
⑦ 顧客、取引先を定期訪問する

と論じられています。これは、福祉・介護サービス事業の経営者においても同様です。特に、「マネジャーを育成する」については、マネジメント力を強化する観点からも重要です。介護キャリア段位制度においても、チーム内でリーダーシップが取れるなどのマネジメント力の強化が指向されています。組織の運営、他職種との連携などの中核を担うマネジャー層を育成することが喫緊の課題です。

また、「組織を活性化する」については、次の5点がポイントになります。

〔① 経営理念の達成に向けて目標を設定する〕
　→（目標があいまいな法人は、成り行き経営になる）
〔② 職員に情報を公開する〕
　→（目標を掲げても、実績をタイムリーに公開しなければ意味がない）
〔③ 経営参画意識を育てる〕
　→（職員は組織内で重要な一員と認められることによってやる気を出す）
〔④ 競争原理とインセンティブ策を導入する〕
　→（競争原理が働かないと、一所懸命やった人とやらなかっ

た人の差がつかない)
〔⑤ 職員満足度を高める〕
→(満足度の高い職員でなければ、顧客満足の向上を追求することは困難である)

経営戦略と人事戦略を連動させ、中・長期的視点での事業展開と人づくりを一体化させることが求められます。

1 職員満足

どうすれば職員満足を得ることができるのでしょうか。それを「職場環境」、「金銭の報酬」、「心の報酬」の3つの視点から図表8-2にまとめました。

特に重要となるのは、「心の報酬」でしょう。

図表 8-2　職員の満足度を高める構造

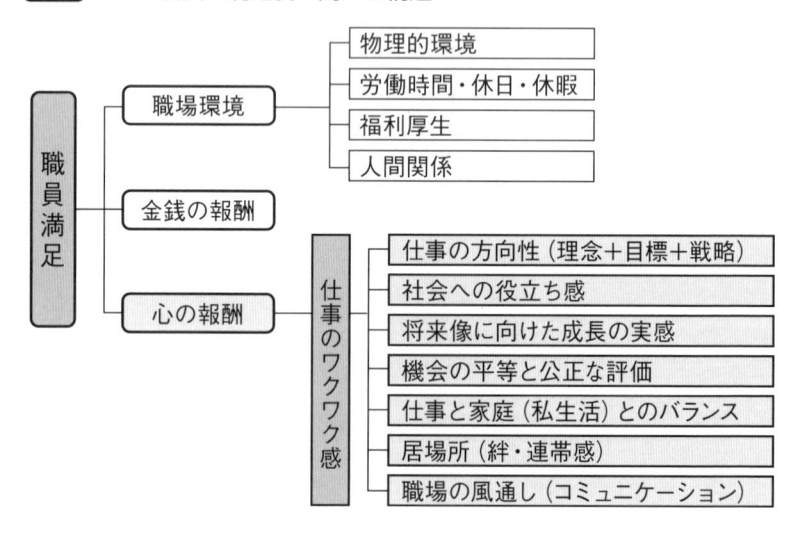

職員満足
- 職場環境
  - 物理的環境
  - 労働時間・休日・休暇
  - 福利厚生
  - 人間関係
- 金銭の報酬
- 心の報酬（仕事のワクワク感）
  - 仕事の方向性（理念+目標+戦略）
  - 社会への役立ち感
  - 将来像に向けた成長の実感
  - 機会の平等と公正な評価
  - 仕事と家庭（私生活）とのバランス
  - 居場所（絆・連帯感）
  - 職場の風通し（コミュニケーション）

顧客満足は職員満足がなければ得られません。しかし、職員満足を高めるだけでは顧客満足までには至らないでしょう。そこには、職員の「事業所に対する帰属意識」があるかどうかがポイントです。事業所を信頼し、「この事業所は私の職場、ここでの仕事は私の仕事」との当事者意識を持てるかどうかだと考えます。

2 組織の活性化

職員が「働きがい」をもって活き活きと働ける福祉・介護サービスの事業所であるためには、そして職員に仕事に対するやる気を出してもらうためには、組織的な仕組み、組織の活性化プログラムが重要となります。

(1) 目標による管理 (Management by Objectives)

「目標による管理」とは、D.マグレガーによる「Y理論」やA.H.マズローによる「自己実現の欲求」の考え方をベースに、P.F.ドラッカーが『現代の経営』で提案し、E.C.シュレイが『結果のわりつけによる経営』で具体化されたものです。各個人がチャレンジしようと納得、同意した「目標」を達成するためのプロセスを通じて、その組織が継続して高い業績を上げるための思考方法、行動様式を習得するマネジメント手法です。したがって、ただ単に目標値を達成すればいいという「ノルマ管理」とは異なります。福祉・介護サービスに従事する職員の気質を考慮すると、他の職員との競争を煽るような目標管理では逆効果になる可能性があります。

「目標による管理」の導入成果としては、
　㋐　業績の向上

㋑　職員の意識改革、行動改革
　㋒　所内コミュニケーションの促進
　㋓　モラールの向上と職員満足度の向上

等があげられます。本来、「目標による管理」は業績を上げるために導入するものであって、人事評価のための「目標による管理」が先行するようであってはうまく機能しません。また、「目標による管理」を行うためのステップとしては、

　①　自らが行う目標づくり（ボトムアップ）
　②　上司との目標値に関する摺り合わせ（トップダウンとボトムアップとの調整）
　③　本人による自己管理
　④　自己評価に基づく自己啓発

のプロセスです。

　経営目標の選定と達成期限の決定は経営者の意思決定事項です。その経営活動に従事する1人ひとりまでに経営理念（使命・ミッション）を理解せしめ、各人に達成すべき目標値をはっきりと認識させ、その進捗状況が常時確認できる仕組みが必要となります。この仕組みがなければ「目標による管理」の効果は期待できません。そして、その仕組みづくりだけでなく、日々の業務への落とし込み、すなわちPDCA（計画・実行・検証・評価）を回すことも求められます。

　「目標による管理」は、経営参画意識を高める技法として大きな可能性を秘めています。しかし、運用面でつまづいているケースも多いようです。それは、

　㋐　知らず知らずに上から降りてきた目標によって人を管理しようとすること
　㋑　目先の個人目標達成を追うことから事業所内の連帯感が損

なわれてしまうこと
㋒　部下の目標達成を支援するはずのリーダーの役割が明確にされていないこと
㋓　部下の目標達成を促進、支援するはずのマネジャーの役割が明確にされていないこと

によるものです。経営者のリーダーシップの発揮が「目標による管理」を成功させるポイントといえます。

なお、目標値の設定においては、次のSMARTの原則があります。
S ＝ Specific（具体性）
M ＝ Measurable（測定可能性）
A ＝ Achievable（達成可能性）
R ＝ Reliable（客観性）
T ＝ Timelimit（期限）

（2）小集団活動

　問題はいたるところにあります。問題を問題としないことに問題があり、建前論では駄目です。委員会（サークル）など少人数による業務改善への取り組みは日本人の最も強みとするところです。
①　ヒヤリ・ハット防止委員会
②　感染症対策委員会
③　褥瘡予防委員会

等の委員会などの小グループに、それぞれの課題に対する活動計画（アクションプラン）の原案策定を任せてみましょう。侃々諤々と議論してもらうことです。経営参画意識の向上につながるとともに職員間での切磋琢磨が図られます。小集団活動は、事業者が押しつける「やらせ」になってはいけません。職員の「何とかしなくてはならない」との自発的な想いを引っ張り出すことが

質の高いサービスにつながることになります。なお、小集団活動をより効果的なものとするためのポイントは、その活動成果を大勢の前で発表する機会を与えることです。

(3) インセンティブ制度

事業所の戦略目標項目、ならびに職員における能力開発の目標項目などを賃金体系に組み込むのではなく、その年度ごとの事業所のインセンティブ政策とする手法があります。経営者が将来あるべき事業所像、あるべき職員像に向けたインセンティブ政策として発表します。また、キックオフ大会、打ち上げ時での目標達成者への表彰式にも工夫を凝らしましょう。

(4) コミュニケーションの強化

訪問介護の事業所では、直行直帰が一般的です。ある事業所では直行直帰を止め、利用者訪問の前後は必ず事業所に立ち寄り、利用者の状態を報告するようにしました。これによって、きちんとケアができているかという職員の不安感も和らぎ、職員の孤立感が薄らいだことによって、離職率は半分以下になったとの報告もあります。

この事例のように、組織にはコミュニケーション（意思疎通）が欠かせません。しかし、コミュニケーションは組織を活性化するための手段であり、これを目的にすると和気藹々とした楽しいだけの職場となってしまいます。経営者、マネジャーは、経営理念、ビジョン、そしてそれを達成するための打ち手などを職員が納得できるまで、腑に落ちるまで話し込まなければなりません。「彼（彼女）は、わかっているだろう」との思い込みは禁物です。建前、形式よりも内容を重視する風通しのいい風土を作り

ましょう。
　コミュニケーションを良くするキーワードとしては、
　① 積極的に傾聴すること
　② 自分の話す時間は半分以下と意識すること
　③ 共感的な理解に努めること
　④ 事実と推論を分けること
　⑤ 相手を非難しないこと
　⑥ 相手に心を開くこと
などがあげられます。上司が思っている以上に、職員から上司には話しかけづらいものです。職員を指導し、成長させるためにも、経営者、管理者から気軽に職員に声を掛けてください。ただし、上司は言葉のキャッチボールがドッジボールにならないような注意が必要です。また、コミュニケーションを図る場としては、
　㋐ オフサイトミーティング（気楽にまじめな話をする場）
　㋑ ミーティング（まじめにまじめな話をする場）
　㋒ 終業後の飲み会（気楽に気楽な話をする場）
があります。特に、オフサイトミーティングが重要となります。最初は、愚痴でも不満でも胸の中にあるモヤモヤをはき出せる場でも構いません。オフサイトミーティングができる環境を用意することです。その中で、
　㋐ 出席者が目指す姿を共有すること
　㋑ 物事の事実・実態から目をそらさないこと
　㋒ 経営理念に基づく目的、行動価値を座点に考えること
　㋓ 「最初からムリ」と決めつけないこと
　㋔ 自分たちで「何とかしよう」との当事者意識を持つこと
を意識しながら続けることによって、上からの押しつけでない自ずと成果が生じるミーティングに変わって行くはずです。

3 職員の活性化

　人の顔がそれぞれ違うように1人ひとりの個性と才能は違います。人は組織における人間関係の中で、自分で気づいていなかった強みと弱みに気づきます。その強みを最大限に引き出し、成長を支援することが経営者でありマネジャーの仕事です。そのためには、職員満足度（ES）の向上を含めた職員の活性化が不可欠です。

　マズローの欲求5段階説にもあるように、人は外圧的な「命令」、「脅迫」、「押しつけ」などで動くものでもありません。「気づき」や「成長意欲」などを基盤とした内圧的な自己の決意によって動くもののようです。職員の能力を認め、まずは小さなチャンスを与えつつ、成功したら褒めることを繰り返します。そしてその成功体験から自信を付けさせることです。

　多くの経営者は、職員の能力を認め、経営参画意識を高める重要性は理解しているものの権限委譲ができずにいます。職員の活性化のためには、職員が仕事の働きがいをもって働け、かつ自己実現ができそうだと感じる職場にすること、また、個人の目標と事業所の組織目標との融合に向けて1人ひとりの力を束ねることです。やりがいのわからない職場で頑張り続けると、人は燃え尽きてしまいます。とはいっても、何年、何十年もの間に形成された習慣、風土、伝統を変革することはそれ以上の時間と労力がかかります。経営者の変革への熱意が試されるところではないでしょうか。

　職員満足度とその基礎となるマズローの欲求5段階説の概略、そして人的資源を活かすリーダーシップは以下の通りです。

（1）マズローの欲求5段階説

　A. マズローは人間の欲求を次の5段階に分類しました。
　①　**自己実現の欲求**　：自分の可能性を最大限に追求し、究極の自分を実現したい
　②　**自我・自尊の欲求**：他人から認められ尊敬されたい
　③　**社会的(親和)欲求**：他人から愛され、仲間とはうまくやっていきたい
　④　**安全への欲求**　　：危険を避け安全を得たい
　⑤　**生理的欲求**　　　：食べる、眠るなどの生存に不可欠な欲求を満たしたい

「貴方はどんな時にやる気を感じましたか？　頑張ろうと思いましたか？」の質問には、「やっぱり、上司に『よく頑張った』と褒めてもらった時かなあ……」や「利用者さんやその家族さんから『ありがとう』と言われ感謝された時かなあ……」と回答するのではないでしょうか。人には、他人から認められ、感謝され、自己を実現することに喜びを感じる成長意欲があり、自己実現欲求を達成するためには、その下の段階を充足しなければならないとの説です。これをF.ハーズバーグの2要因理論と併せて図式化すると図表8-3のようになります。

（2）ロールモデル

　ロールモデルとは「職員が将来において目指したいと思う模範となる存在であり、そのスキルや具体的な行動を学んだり、模倣したりする人材のこと」をいいます。即ち「あこがれの先輩職員」といったところでしょうか。

図表 8-3　ハーズバーグとマズローの動機づけの分類

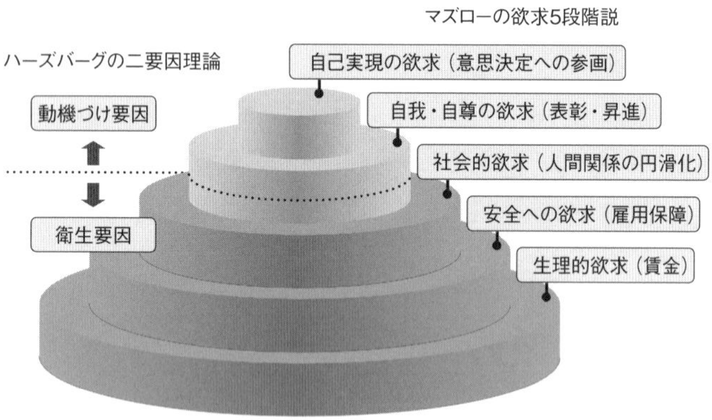

ハーズバーグの二要因理論　　　　マズローの欲求5段階説

- 自己実現の欲求（意思決定への参画）
- 自我・自尊の欲求（表彰・昇進）
- 社会的欲求（人間関係の円滑化）
- 安全への欲求（雇用保障）
- 生理的欲求（賃金）

動機づけ要因
衛生要因

　福祉・介護サービスの事業所では、女性職員が多数を占めます。女性職員が将来のビジョンやキャリアパスを描くためには、出産や育児などといったライフイベントも考慮しなければなりません。仕事に関する悩みだけでなく、仕事と家庭の両立などに関する悩みも気軽に相談できる先輩職員、自分が目指す先輩職員の存在が心強いものとなります。ロールモデルの職員が活き活きと活躍し、組織の中で「見える化」されることで戸惑いを持つ後輩の職員に働き方などを直接アドバイスする効果は大きいはずです。身近なロールモデルを作り出すことは人材育成の好循環を作り出し、組織風土を変えることができるものです。

　なお、コンピテンシーは行動特性に主体を置くものですが、ロールモデルは、人格を含めたその個人の生き方や精神特性に主体を置くものといえるでしょう。

(3) リーダーシップ

　福祉・介護サービスの業界における喫緊の課題は、マネジャー

の不足とマネジメント能力の不足です。

　P.F.ドラッカーは「マネジャーこそがどの企業においても基本的で希少なリソースである」と述べています。個人として優れているだけではなく集団としての力を引き出すマネジャーの優れたリーダーシップがなければ高い成果を上げることはできません。部下を有する方々のリーダーシップは、専制的、民主的、それとも放任的のどのタイプに属するかを客観的に眺めてみることが大事です。リーダーシップと呼ばれる能力は、思考特性と行動特性であり、実践を通じて強化されます。リーダーシップ論の基本を理解し、そして努力すれば自らのリーダーシップのスタイルを現状の実態に応じて変えることができるはずです。

　いずれにせよ、単に部下を引っ張ろうとするのではなく、部下の主体性を発揮できるように潜在的な能力を引き出してあげることが、現在のリーダーシップに求められているのではないでしょうか。

　リーダーシップ論としては、R.R.ブレークとJ.S.ムートンの「マネジリアル・グリッド（Managerial Grid）」とP.ハーシィとK.H.ブランチャートの「状況に呼応するリーダーシップモデル」とが有名です。

① マネジリアル・グリッド
　マネジャーの行動を「業績への関心度」と「人間への関心度」の度合いの組み合わせ、そのバランスによって捉えることができるとした考え方です。図表8－4のように、縦軸に人間への関心を、横軸に業績への関心を取り、5つのリーダーのグリッドモデルに分類しました。また、その後に、この5つの他にその複合型である2モデルが追加されています。それぞれのモデルごとに動

図表 8-4　マネジリアル・グリッドに見るマネジャーの行動分類

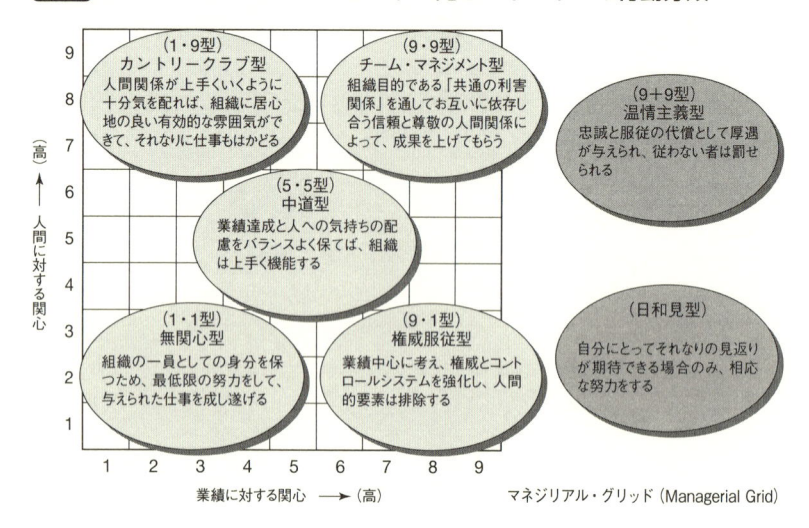

(1・9型) カントリークラブ型
人間関係が上手くいくように十分気を配れば、組織に居心地の良い有効的な雰囲気ができて、それなりに仕事もはかどる

(9・9型) チーム・マネジメント型
組織目的である「共通の利害関係」を通してお互いに依存し合う信頼と尊敬の人間関係によって、成果を上げてもらう

(9+9型) 温情主義型
忠誠と服従の代償として厚遇が与えられ、従わない者は罰せられる

(5・5型) 中道型
業績達成と人への気持ちの配慮をバランスよく保てば、組織は上手く機能する

(1・1型) 無関心型
組織の一員としての身分を保つため、最低限の努力をして、与えられた仕事を成し遂げる

(9・1型) 権威服従型
業績中心に考え、権威とコントロールシステムを強化し、人間的要素は排除する

(日和見型)
自分にとってそれなりの見返りが期待できる場合のみ、相応な努力をする

縦軸：人間に対する関心（高）
横軸：業績に対する関心 →（高）

マネジリアル・グリッド（Managerial Grid）

機づけのプラス要因（好んで求める事柄）とマイナス要因（立場を危うくするので避けたい事柄）とがあります。

㋐　（1・1）型：無関心型
　　プラス要因　　→　何事にもかかわりたくない欲求
　　マイナス要因　→　職を失うことへの不安

㋑　（1・9）型：カントリークラブ型
　　プラス要因　　→　他人を喜ばせたいという欲求
　　マイナス要因　→　人から拒絶されないかとの不安

㋒　（5・5）型：中道型
　　プラス要因　　→　帰属欲求
　　マイナス要因　→　恥をかくことへの不安

㋓　（9・1）型：権威服従型
　　プラス要因　　→　統制、支配、権力欲
　　マイナス要因　→　失敗に対する不安

㋔ (9・9) 型：チームマネジメント型
　　プラス要因　→　仕事への貢献を通して自己実現を果たしたいという欲求
　　マイナス要因 →　自分中心になりすぎることへの戒め
㋕ (9＋9) 型：温情主義型
　　プラス要因　→　他人から崇拝されたいという欲求
　　マイナス要因 →　拒絶されることへの不安
㋖ 日和見型
　　プラス要因　→　人より抜きん出たいとの欲求
　　マイナス要因 →　本心を見抜かれないかとの不安

　なお、マネジャーではなく、逆の立場である部下の立場でのグリッド・モデルも図表8-5の通り、同じように考えることができます。

図表 8-5　マネジリアル・グリッドに見る部下の行動分類

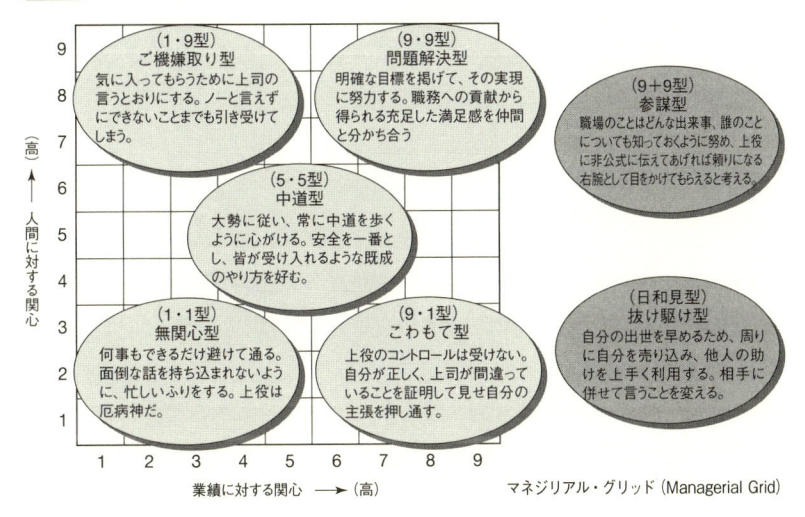

（縦軸）人間に対する関心（高）
（横軸）業績に対する関心 →（高）

(1・9型) ご機嫌取り型
気に入ってもらうために上司の言うとおりにする。ノーと言えずにできないことまでも引き受けてしまう。

(9・9型) 問題解決型
明確な目標を掲げて、その実現に努力する。職務への貢献から得られる充実した満足感を仲間と分かち合う

(9＋9型) 参謀型
職場のことはどんな出来事、誰のことについても知っておくように努め、上役に非公式に伝えてあげれば頼りになる右腕として目をかけてもらえると考える。

(5・5型) 中道型
大勢に従い、常に中道を歩くように心がける。安全を一番とし、皆が受け入れるような既成のやり方を好む。

(1・1型) 無関心型
何事もできるだけ避けて通る。面倒な話を持ち込まれないように、忙しいふりをする。上役は厄病神だ。

(9・1型) こわもて型
上役のコントロールは受けない。自分が正しく、上司が間違っていることを証明して見せ自分の主張を押し通す。

(日和見型) 抜け駆け型
自分の出世を早めるため、周りに自分を売り込み、他人の助けを上手く利用する。相手に併せて言うことを変える。

マネジリアル・グリッド (Managerial Grid)

239

実際にはピタリと当てはめるのは難しいでしょうが、どのタイプに流れやすいかその自分のクセを掴んでおくことが重要です。しかし、自分のクセと感じるものは自己のリーダーシップへのイメージです。そこに部下が持つリーダーに対するイメージも加味しなければなりません。

　この理論では、リーダーは業績と部下に深い関心を持つべきだとしていますが、この深い関心をどのように表現するかまでは論じていません。こうした理念的モデルでは、対象を客観的に把握するには適していますが、実践的ではありません。「人はいかに行動するか？」を描写した行動モデルが以下の「状況に呼応するリーダーシップ・モデル」です。

② 状況に呼応するリーダーシップ・モデル

　マネジリアル・グリッド論は、人間や業績に対する態度や心構えを描写した理念的・能動的モデルです。この「状況に呼応するリーダーシップ・モデル」の理論は行動的モデルです。適切かつ効果的なリーダーシップとは何かを部下の成熟度との関係で捉え、部下の成熟度が上がるにつれ、リーダーシップのスタイルを変化させるべきだとした考え方です。

　成熟度とは、意欲や動機などの心理的成熟度と業務遂行能力などの業務上の成熟度をいいます。

　マネジャーの行動を指示的行動と支援的行動を軸として分析します。指示的行動とは、マネジャーが部下にどのような活動をいつ、どこで、どのように達成しなければならないかを説明する度合いをいい、支援的行動とは、マネジャーが部下との意思疎通を図り心理的調和を与え相手の行動を促進することをいいます。

　基本的には図表8－6のように、4つのリーダーシップ・モデ

ルに分類されます。その行動特徴は次の通りです。
- ㋐ 教示型（高指示／低支援的リーダー）

  目標達成に向けて、部下の役割を明確にし、何を、どのように、いつ、どこでを一方的に指示する行動特徴
- ㋑ 説得型（高指示／高支援的リーダー）

  部下との情報交換や議論などによって意思疎通を図り、部下がリーダーの指示を心理的抵抗なしに受け入れるよう努力を払う行動特徴
- ㋒ 参加型（高支援／低指示的リーダー）

  部下に業務遂行に必要な知識と技能とが備わっているため、意思決定への参画を求める行動特徴
- ㋓ 委任型（低支援／低指示的リーダー）

  業務遂行上の責任、権限を部下に委ねる行動特徴

図表 8-6　状況に呼応するリーダーシップ・モデルの類型

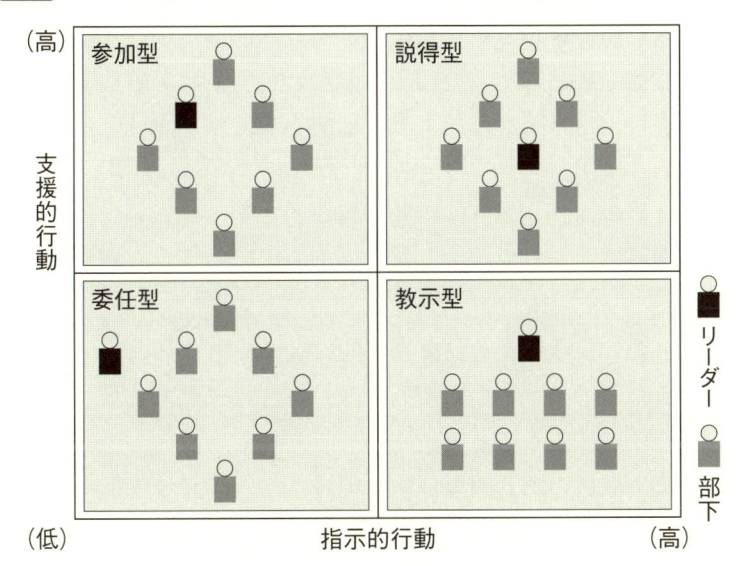

部下の成熟度が低い場合は、教示型や説得型が効果的であり、マニュアルの活用などが必要となります。しかし、部下の成熟度が上がるにつれて委任型や参加型に移行すべきです。実際には、現時点でどの状態にあるかを見極めることが大切です。

4 組織と職員の活性化

(1) 面談制度の活用

　コミュニケーションを強化し、風通しの良い職場を創るために少なくとも年1回の上司と職員による面談の場を設けることを提案します。最初は30分でも構いません。また、賞与支給時でも、人事評価の面談時でも構いません。上司と部下が一対一で面談してください。日頃一緒に働いている職員と一対一で面談することは照れくさいものですが、仕事上の悩みや人間関係の悩みなどを真剣に聞いてあげてください。その効果には大きいものがあります。目に見えて風通しが良くなります。人間誰しも自分のことを見ていて欲しい、知っていてもらいたいとの欲求があります。そのためには、常日頃から部下職員に関心を持って仕事を見ている必要があります。

　そのための面談シートは**参考資料ー⑦**です。
なお、面談にあたっては、上司は以下の点に留意する必要があります。

　㋐　日頃の良かった行動を具体的に褒めてあげること
　㋑　改めるべき行動は、何故、悪かったのかの理由を伝えること
　㋒　傾聴に徹すること
　㋓　部下職員の個人的な情報は絶対に他人に漏らさないこと
　㋔　部下職員から出された質問・提案は、その場でなくとも必

ず回答すること
㋕ 部下職員の成長における今後の課題を共通の認識にしておくこと

(2) SWOT分析の活用

　職場を活性化し、職員のやる気を引き出すために、第2章の経営戦略における人事戦略の位置づけでの「SWOT分析」を活用することができます。職員または幹部職員でのオフサイトミーティングによって、「SWOT分析」を作成します。あくまで、完璧な分析表を作成することが目的ではなく、それを作成するまでの職員間における議論によって、職員が事業所の置かれている現況への共通の認識を持ち、同じ土俵に立ってもらうことが目的です。これによって、職員の経営参画意識が高まるはずです。
　なお、その作成にあたっての留意点は以下の通りです。
㋐ 外部の「機会」と内部の「強み」を別々にして考えること。混同しがちである。
㋑ 外部環境の「機会」の検討から入ること。「強み」から入ると自事業所に都合の良い「機会」を探しに行こうとする傾向が生じる。
㋒ 「機会」「脅威」「強み」「弱み」の項目を戦略と混同しないこと。戦略は行動を定めるのに対して、各項目は現状を正しく確認し、状況を説明するものである。
　SWOT分析の第1段階での事例を掲示します。

図表 8-7　SWOT分析事例

	機　会（O）	脅　威（T）
外部環境	1. 急速な高齢化により介護が必要な高齢者人口が250万人となる 2. 介護保険サービス以外での高齢者を対象とした新サービスの開拓、展開が可能になる 3. 介護ロボット、高機能ベッド、介護支援機器などの普及が進む 4. 政府の在宅介護指向で、訪問介護、訪問看護のニーズが高まる 5. サ高住のニーズが高まる 6. 職員の能力アップで差別化が図れる	1. 介護保険の制度疲労から介護料金の自己負担が高まる 2. 介護保険において、在宅介護にシフトしている 3. 利用者の伸びの一方、介護労働者の確保が難しい 4. 労働環境の世間のイメージは変わらず悪い 5. 異業者からの新規参入が増えている 6. 利用者が重度化すれば従業員の負担が増える 7. 入所者及びその家族が高齢化

	強　み（S）	弱　み（W）
内部環境	1. 入所、通所、訪問介護、グループホームなど複合的な介護サービスを行っている 2. 介護福祉士有資格者の比率が高い 3. 職員の定着率が高いほうである 4. この地域では比較的新しくてきれいな施設である 5. 厨房施設を有しており食事には高い評価を得ている 6. デイの「選べるサービス」は利用者、その家族の方から高い評価を得ている 7. インターンシップを含め、職員を養成する制度、ノウハウがある	1. 職員の平均年齢が高い 2. PCをある程度扱える職員が少ない 3. 新たなサービスを展開するための資金調達が難しい 4. 医療機関等との連携が弱い 5. 特養部門とデイ部門など職員間の連携、支援体制が出来ていない 6. 看護師が恒常的に不足している 7. 賃金アップに対応しきれていない 8. マネジャーのマネジメント能力が低い

(3) バランス・スコアカードの活用

　経営理念（使命・ミッション）とビジョンを決定し、立派な経営戦略を立案しても、現場職員の95％は、会社の経営戦略を理解していないそうです。それを組織全体に落とし込むためにSWOT分析の活用と同様、第2章の経営戦略における人事戦略の位置づけにおける「バランス・スコアカード（BSC）」を活用することができます。

なお、その作成にあたっての留意点は以下の通りです。
㋐ 「戦略目標」は、明快でわかりやすく、職員全員に周知徹底し、その支持を得ること
㋑ 戦略目標の達成への道標となる「業績評価指標（KPI）」は前述の目標による管理でのSMARTの原則に基づいて設定すること
㋒ 「アクションプラン」は、職員にとってわかりやすい内容にすること
㋓ 新しい仕事への取り組みは、少なくとも3か月から1か月前までに職員全員に対して周知し、予め心構えのための準備期間を置くこと
㋔ 実行に際しては、職員の取り組むべき業務に割り当てる時間を最大化するためのスケジュール調整を図ること
㋕ 経営幹部は、現場の進捗状況をリアルタイムに把握できる報告体制を整備し、期限内に目標達成できるかを検証すること
㋖ 目標達成が期限内では困難と予想される場合、職員別・業務別に進捗状況を確認し、遅れの原因を突き止めて、その打開策と期限を指示すること
㋗ 「アクションプラン」を変更するときは、遅滞なく新プランを作成し、これを職員全員に周知徹底すること
㋘ 経営幹部は、リーダーシップを発揮し、執念を持って所定の期限までに、戦略目標を達成することに全力を尽くすこと

有効に活用したい助成金等

1. 職場定着支援助成金
    (個別企業助成コース)

2. 特定求職者雇用開発助成金
    (特定就職困難者雇用開発助成金)

3. 試行雇用奨励金(トライアル雇用)

4. 中小企業両立支援助成金
    (代替要員確保コース)
    (育休復帰支援プランコース)
    (期間雇用者継続就業支援コース)

5. 企業内人材育成推進助成金
    (教育訓練・職業能力評価制度)
    (技能検定合格報奨金制度)

6. キャリアアップ助成金
    (正規雇用等転換コース)
    (短時間労働者の週所定労働時間延長コース)

7. キャリア形成促進助成金
    (成長分野等人材育成コース)
    (若年人材育成コース)
    (育休中・復職後等能力アップコース)
    (中長期的キャリア形成コース)

国・地方公共団体の施策を実現させるために、各種の助成金・奨励金等があります。返済する必要がないお金です。上手に利用して事業所の経営に役立たせましょう。
　申請するための条件としては、
① 雇用保険の適用事業所であること
② 労働保険料の滞納がないこと
③ 就業規則等を完備していること
④ 申請の前後６か月間に解雇者（退職勧奨を含む）を出していないこと
⑤ 労働者名簿、賃金台帳、出勤簿（タイムカード）など法律で義務付けられている帳簿を備えていること
⑥ 事前計画書、支給申請書などの提出については期限内で行うこと
⑦ 過去３年間に助成金を不正受給し、または、しようとしたことがないこと
⑧ 領収証その他費用の支払に関する証拠書類を備えていること
の８点です。申請の前には、就業規則、賃金台帳、労働者名簿、出勤簿（タイムカード）、雇用契約書等の整備などの支給要件を満たさなければなりません。助成金の申請を機に、これらの法定帳簿等をきちんと整備することも事業所発展の基盤づくりとなります。
　助成金の申請は、煩雑、かつ期限内での申請が求められます。また、最近では助成金詐欺、不正受給などの犯罪が多発していることもあって、審査は厳しいものとなっています。時間コスト節約のためにも社会保険労務士などの専門家に任せることをお勧めします。
　なお、助成金等受給の注意事項として、
　㋐ 助成金の受給だけを目的に余分な費用を支出することは本末転倒

④　助成金は申請したからといって必ずしも100％支給されないの2点が挙げられます。したがって、その受給を見込んだ資金繰りなどはしないほうがよいでしょう。

平成27年4月時点における介護事業者向けの助成金制度のいくつかを紹介します。なお、助成金制度は頻繁に変更されますので、受給要件等の詳細につきましては、お問い合わせ先にご確認ください。

1．職場定着支援助成金（個別企業助成コース）

雇用管理改善を推進し、人材の定着・確保を図ることを目的とした助成金です。

①　評価・処遇制度
②　研修制度
③　健康づくり制度
④　メンター制度

については、制度導入時に10万円、その結果、職員の離職率の低下が図られた時に60万円が支給されます。その他の介護関連事業主の場合は介護福祉機器の導入（支給額上限300万円）も助成対象となります。

〔例示〕
①　評価・処遇制度……昇進・昇格基準、賃金体系、諸手当制度等
②　研修制度……新入職員研修、管理職員研修等
③　健康づくり制度……人間ドック、生活習慣病予防検診等
④　メンター制度……メンター、メンティのメンタリング措置等

⑤ 介護福祉機器の導入……移動用リフト、自動車用車いすリフト、特殊浴槽、自動排泄処理機、昇降装置等

詳細は、ハローワーク、都道府県労働局にお問い合わせください。

2. 特定求職者雇用開発助成金（特定就職困難者雇用開発助成金）

高年齢者、母子家庭の母などの就職困難者を、ハローワーク等の紹介により、継続雇用の労働者として雇い入れた場合の助成金です。その支給額は、事業所の規模や支給対象者の類型に応じて、30万円から90万円です。

詳細は、ハローワーク、都道府県労働局にお問い合わせください。

3. 試行雇用奨励金（トライアル雇用）

職業経験の不足などから就職が困難な求職者を原則3か月間のトライアル雇用をし、適正や能力を見極め、常用雇用への移行のきっかけを目的とした制度です。奨励金の支給額は対象者1人あたり月額最大4万円（最長3か月）です。

詳細は、ハローワーク、都道府県労働局にお問い合わせください。

4. 中小企業両立支援助成金

（代替要員確保コース）
職業生活と家庭生活の両立を支援する制度です。育児休業を終

了した労働者を、原職または原職相当職に復帰させる旨の就業規則等に定め、実際に復帰させ、その間の休業取得者の代替要員を確保した事業主に、支給対象労働者1人あたり15万円が支給されます。

(育休復帰支援プランコース)
「育休復帰支援プラン」を育休復帰プランナーの支援を受けて策定し、対象労働者が育休を取得した場合及び復帰した場合に30万円が支給されます。

(期間雇用者継続就業支援コース)
育児休業を6か月以上利用した有期雇用契約の労働者を原職等に復帰させ、その後6か月以上雇用した場合に、1人目40万円、2〜5人目まで15万円が支給されます。

詳細は、都道府県労働局雇用均等室にお問い合わせください。

5. 企業内人材育成推進助成金

(教育訓練・職業能力評価制度)
職員の能力と評価の仕組みを整備し、1コース20時間以上の訓練を行った場合、制度導入時に50万円が、実施した場合に1人当たり5万円(10人を限度)が支給されます。

(技能検定合格報奨金制度)
職員に技能検定を受検させる計画を作成し、技能検定に合格した職員に報奨金を支給する制度を整備した場合に20万円が、実施

した場合に1人当たり5万円（10人を限度）が支給されます。

詳細は、ハローワーク、都道府県労働局にお問い合わせください。

6. キャリアアップ助成金

　有期契約労働者、短時間労働者、派遣労働者といった非正規雇用の労働者のキャリアアップなどを促進するため、正規雇用への転換、人材育成、処遇改善などの取り組みを実施した事業主に対して助成する制度です。

（正規雇用等転換コース）
　有期契約労働者から正規雇用労働者に転換した場合などに助成します。1人あたり40万円が支給されます。なお平成28年3月31日までは支給額の増額と要件の緩和があります。

（短時間労働者の週所定労働時間延長コース）
　週所定労働時間25時間未満の有期契約労働者等を、社会保険加入の適用を受ける30時間以上に延長した場合に助成します。
　支給額は1人あたり10万円です。

詳細は、ハローワーク、都道府県労働局にお問い合わせください。

7. キャリア形成促進助成金

　労働者のキャリア形成を効果的に促進するため、雇用する労働者に対して職業訓練などを計画に沿って実施した場合に、訓練経

費や訓練期間中の賃金の一部を助成する制度です。

(成長分野等人材育成コース)
医療や介護などの成長分野における人材育成のための訓練を実施した場合の助成です。

(若年人材育成コース)
訓練開始日において、雇用契約締結後5年以内で35歳未満の若年労働者に対する訓練を実施した場合の助成です。

(育休中・復職後等能力アップコース)
育児休業取得者による育児休業中の訓練、復職後1年以内の訓練、または妊娠・出産・育児による離職後、子どもが小学校入学までに再就職した労働者で再就職後3年以内に訓練を実施する場合の助成です。

(中長期的キャリア形成コース)
厚生労働大臣が専門的・実践的な教育訓練として指定した講座（介護福祉士、社会福祉士など）を従業員に受講させる場合の助成です。

詳細は、ハローワーク、都道府県労働局にお問い合わせください。

参考資料

① 面接シート(中途採用者用)(サンプル)
② 入職誓約書(サンプル)
③ 身元保証書(サンプル)
④ 退職誓約書(サンプル)
⑤ 人事評価表(介護職)(サンプル)
⑥ 人事評価表(事務職)(サンプル)
⑦ 仕事力向上のための面談シート(サンプル)

① **面接シート（中途採用者用）**　　　　　　　　　　（サンプル）

面接シート（中途採用者用）

応募者名		面接者	
面接日時	年　月　日　（　時　分　～　時　分）		

NO	選択	質問内容	反応・メモ・etc
1		過去の職歴（期間、勤務場所、役割、役職）	
2		責任を持って遂行した仕事の内容、その目標と結果	
3		仕事での失敗事例、その際の判断と行動、その結果への周囲からの評価	
4		転職の動機（以前の勤務先の退職理由）	
5		当社に応募した理由とその妥当性	
6		入社後の仕事に対するイメージ	
7		貴方のワーク（仕事）・ライフ（生活）バランス（両立）について	
8		「仕事」、「職場」、「待遇」の中で一番の関心事とその理由	
9		自分の「強みと弱み」、そう考える出来事	
10		今までの人生で楽しかったこと、辛かったこと、その時の行動	
11		両親など家族への想い、両親など家族からの貴方への想いを感じた出来事	
12		恩師（お世話になった人）の有無、その想い	
13		過去の病歴（精神疾患を含む）	
14		採用された場合、就業が可能となる時期	
15		（自由設問）	
16		（応募者からの質問事項）	

（総合）

（結論）

（by：人事サポート）

② **入職誓約書** (サンプル)

入 職 誓 約 書

社会福祉法人　●●●●
理事長　　○○　○○　殿

私は、入職にあたり以下の事項を誓約いたします。

1. 法人に提出しております私の身上に関する諸資料の内容について、虚偽の記載、又は故意に隠蔽していることがあった場合は、解雇されても異議はありません。

2. 道路交通法で定める疾病等（統合失調症、てんかん、再発性失神、無自覚性の低血糖症、そううつ病、認知症、重度の眠気症状を呈する睡眠障害、アルコール・薬物中毒等の自動車運転に支障のある疾病）に罹っていません。

3. 法人の就業規則等の各規定、その他服務に関する諸規定を遵守します。なお、それらに違反したときは、規則に従って相応の処分を受けることに異存はないこと、並びに法人に迷惑又は損害を与えたときは、その損害について私及び身元保証人で弁済することに異議はありません。

4. 法人、顧客、取引先等における機密や個人情報は決して漏洩しません。

5. 健康異常により少しでも就労における危険が生じたときは、速やかに法人に申し出ます。

6. 上記の場合、法人指定の医師の診断を受けること。また、法人が私、顧客等の安全を確保するために必要と認めた場合、出勤停止、職種変更、休職、準社員への転換、降格（降給）、並びに車輌の使用（自動車運転）禁止等の措置を受けても異議はありません。

7. 道路交通法違反による免許停止、免許取消期間中の賃金は支給されなくても異議はありません。また、これにより刑事訴訟された場合は、解雇されても異議はありません。

平成　　年　　月　　日

　　　　　　　　住所：＿＿＿＿＿＿＿＿＿＿＿＿＿＿＿

　　　　　　　　氏名：＿＿＿＿＿＿＿＿＿＿＿＿　㊞

③ 身元保証書 　　　　　　　　　　　　　　　　（サンプル）

身 元 保 証 書

社会福祉法人　●●●●
理事長　　○○　○○　殿

　今般、◇◇　◇◇が貴社に採用されたことにつきまして、本人が誓約した事項を厳守することを確認し、その身元を保証します。

1．上記の者が貴法人の就業規則及びその他の諸規則に違反し、又は故意もしくは過失によって万一貴社に金銭上はもちろん、業務上、信用上損害を及ぼしたときは、直ちに本人をしてその責任を取らせるとともに、私は、本人と連帯してその損害を賠償いたします。
2．この保証期間は本日より向こう満5か年とし、期間満了以前に更新しない旨の申し出をしない限りさらに5年間に限り延長することを承知します。

上記内容を証するため、この保証書を貴社に差し入れます。

平成　　年　　月　　日

　　　　　連帯保証人　　現　住　所　宇都宮市△△△△△△△△
　　　　　　　　　　　　電 話 番 号　028-999-9999
　　　　　　　　　　　　氏　　　名　▲▲　▲▲　　㊞

　　　　　連帯保証人　　現　住　所　下野市△△△△△△△△
　　　　　　　　　　　　電 話 番 号　0285-99-9999
　　　　　　　　　　　　氏　　　名　▲▲　▲▲　　㊞

　　　　　　　　　　　　　　　　　　　　　　　　　　　以上

④ 退職誓約書　　　　　　　　　　　　　　　　　　　（サンプル）

退　職　誓　約　書

社会福祉法人　●●●●
理事長　　　〇〇〇〇　殿

　私は、今般、社会福祉法人　●●●●（以下、「法人」と言う）を退職するにあたり、以下の事項を厳守することを誓約いたします。

１．（守秘義務の確認）
　私は、法人を退職後、以下の在職中に知り得た業務上の秘密（以下「業務上の秘密」と言う）を第三者に開示・漏洩しないとともに、自己のため又は法人と競合する事業者その他第三者のために使用しないことを誓約します。
　①　法人在職中に知り得た入居者・利用者に関する事項
　②　法人の秘密事項
　③　その他、個人情報等
　又、法人の業務上の秘密に関連して入手した書類等すべての資料は退職時までに法人に返還すること、これらの資料を法人外に搬出しないことを併せて誓約します。更に、同業他社に就職した場合あるいは同業を起業した場合に、法人の入居者・利用者に対して営業活動をしたり、法人の取引を代替したりしないことを誓約します。
　なお、法人の入居者・利用者等に業務上の関わりをもつことが予測される場合には、速やかに報告・連絡・相談し、法人の了解を得ます。万一、この誓約書に違反して法人に損害をおよぼした場合には、法人の被った損害を賠償します。

２．（退職時の責任）
　私は、退職日まで誠実に勤務し、法人の業務に支障をきたさないよう引継ぎを適切に完了します。なお、引継ぎ完了にあたり、法人の承認を得ることとします。

３．（法人に対する債務の確認）
　私は、法人に対する債務があった場合は速やかに返済いたします。又、退職後にそれが確認された場合も同様とします。

４．（法人に対する債権の確認）
　私は、私と法人との間には一切の紛争が存在することは無く、何ら法人に対する債権がないことを確認します。

５．（信義則）
　私は、本誓約書の記載事項に疑義が生じた場合、若しくは本誓約書に記載なき事項については、法人と信義を持って誠実に協議することを誓約します。

平成　　年　　月　　日

住所：宇都宮市△△△△△△△△

氏名：◇◇　◇◇　　　　　　　（自署）

⑤ 人事評価表（介護職） (サンプル)

人事評価表（介護職） 社会福祉法人〇〇〇〇〇〇

評価期間	平成 年 月 日 ～ 平成 年 月 日	勤続年数	年 月
氏名		現等級号俸　　等級　　号	年齢	年 月
	評価者氏名	評価点	評価配点

項目	評価要素		着眼点	自己	上司	介入	S	A	B	C	D
目標達成度	全体目標達成度	1	目標事業活動収入の達成 100％以上＝A、95％以上～100％未満＝B、95％未満＝C				10	5	3	1	-5
	部門目標達成度	2	部門別利用者数アップ目標の達成 100％以上＝A、95％以上～100％未満＝B、95％未満＝C				10	5	3	1	-5
			小計1	0	0	0	20	10	6	2	-10
態度評価	積極性	1	担当以外の業務や新しい課題にも取り組み、挑戦しているか				7	5	3	1	-1
		2	業務の効率化と品質向上のための工夫・改善、提案を行っているか				7	5	3	1	-1
	責任感	3	介護職としての責任と役割を明確に捉え、仕事に取り組んでいるか				7	5	3	1	-1
		4	指示命令された仕事は、困難なことに直面しても最後までやり終えたか				7	5	3	1	-1
	規律性	5	施設の規則・規定をよく守って勤務しているか				10	5	4	2	-2
		6	上司の指示命令に従って業務を行っているか				7	5	3	1	-1
		7	関係者に対し時期を逸することなく、報告・相談・連絡しているか				7	5	3	1	-1
		8	必要事項を決められた手順で正確に記録し、それを適切に管理しているか				7	5	3	1	-1
	協調性	9	同僚、医師、事務職員等と協調して介護業務を行っているか				7	5	3	1	-1
		10	同僚が忙しいときは、進んで手伝おうとしているか				7	5	3	1	-1
	利用者対応	11	利用者の気持ちや人権を考え、日常の言動・態度に気を配っているか				7	5	3	1	-1
		12	利用者や家族の話をよく聞いているか、また分かり易い説明をしているか				7	5	3	1	-1
		13	利用者や家族に進んで声をかけ積極的な意思疎通を図っているか				7	5	3	1	-1
			小計2	0	0	0	94	65	40	14	-14
能力評価	知識	1	介護に関する知識を十分に習得しているか				7	5	3	1	-1
		2	介護に関する最新情報の収集等、知識や技術の向上に努めているか				7	5	3	1	-1
	介護技術	3	経験年数にふさわしい介護技術をマスターしているか				7	5	3	1	-1
		4	利用者を注意深く観察し、各人の状態に応じた細かいケアをしているか				7	5	3	1	-1
	理解力	5	上司の指示命令を正しく理解できているか				7	5	3	1	-1
		6	新しいことでものみ込みは早いか				7	5	3	1	-1
	判断力	7	その場の状況を的確に素早く判断して、適切な処置をとることができるか				7	5	3	1	-1
		8	仕事の優先度、重要度の判断に誤りはないか				7	5	3	1	-1
	実行力	9	介護士、看護師としてするべきことを自分の判断で実行していけるか				7	5	3	1	-1
		10	人から言われたことしかやらないということはないか				7	5	3	1	-1
			小計3	0	0	0	70	50	30	10	-10
成績評価	仕事の質	1	仕事を正確に行ったか				7	5	3	1	-1
		2	仕事を安心して任せることができるか				7	5	3	1	-1
	仕事の量	3	同職種、同レベルの職員と比較してその業務量は多かったか				7	5	3	1	-1
		4	仕事を手際よく迅速に処理したか				7	5	3	1	-1
			小計4	0	0	0	28	20	12	4	-4
指導力評価	部下指導	1	部下の能力を把握し、その適性に応じた指導、育成をしているか				7	5	3	1	-1
		2	部下が仕事のやる気を出すような動機付けを行っているか				7	5	3	1	-1
			小計5	0	0	0	14	10	6	2	-2

目標達成度	0	×	％	=	0
態度評価	0	×	％	=	0
能力評価	0	×	％	=	0
成績評価	0	×	％	=	0
指導力評価	0	×	％	=	0

（評価基準）
A＝優れている（申し分ない）　　B＝普通　　C＝やや劣る（やや不十分）

合計ポイント
0

等級別ウェイト

評価等級	1	2	3	4	5	6	7
目標	10%	10%	20%	25%	30%	35%	40%
態度	45%	45%	40%	30%	20%	20%	10%
能力	45%	45%	40%	35%	30%	20%	10%
成績	0%	0%	0%	10%	20%	25%	40%
指導力	0%	0%	0%	10%	20%	25%	40%

参考資料

⑥ 人事評価表（事務職） （サンプル）

人事評価表（事務職） 社会福祉法人〇〇〇〇〇

項目		評価期間	平成 年 月 日 ～ 平成 年 月 日			勤続年数	年 月				
	氏名			現等級号俸		等級 号	年齢	年 月				
				評価者氏名			評価点	評価配点				
	評価要素		着　眼　点				自己 上司 介入	S	A	B	C	D
目標達成度	全体目標達成度	1	目標事業活動収入の達成 100%以上＝A、95%以上～100%未満＝B、95%未満＝C					10	5	3	1	-5
	部門目標達成度	2	事務費・事業費削減目標の達成 100%以上＝A、95%以上～100%未満＝B、95%未満＝C					10	5	3	1	-5
			小計1				0 0 0	20	10	6	2	-10
態度評価	積極性	1	担当以外の業務や新しい課題にも取り組み、挑戦しているか					7	5	3	1	-1
		2	業務の効率化と品質向上のための工夫・改善、提案を行っているか					7	5	3	1	-1
	責任感	3	担当職務の責任と役割を明確に捉え、仕事に取り組んでいるか					7	5	3	1	-1
		4	指示命令された仕事は、困難なことに直面しても最後までやり終えたか					7	5	3	1	-1
	規律性	5	施設の規則・規定をよく守って勤務しているか					10	5	4	2	-2
		6	上司の指示命令に従って業務を行っているか					7	5	3	1	-1
		7	関係者に対し時期を逸することなく、報告・相談・連絡しているか					7	5	3	1	-1
		8	必要事項を決められた手順で正確に記録し、それを適切に管理しているか					7	5	3	1	-1
	協調性	9	同僚、医師、介護職員等と協調して施設運営業務に取り組んでいるか					7	5	3	1	-1
		10	同僚が忙しいときは、進んで手伝おうとしているか					7	5	3	1	-1
			小計2				0 0 0	73	50	31	11	-11
能力評価	知識	1	福祉関連法令、会計処理などの知識が豊富か、それを活かしているか					7	5	3	1	-1
		2	施設運営に関する最新情報の収集等、知識の向上に努めているか					7	5	3	1	-1
	理解力	3	上司の指示命令を正しく理解できているか					7	5	3	1	-1
		4	新しいことでのみ込みは早いか					7	5	3	1	-1
	企画力	5	事業計画の策定と進捗管理を行い、関連部署に適切に報告しているか					7	5	3	1	-1
		6	利用しやすい施設づくりに取り組み、利用率のアップに努めているか					7	5	3	1	-1
		7	外部に施設の情報などを積極的に発信して、利用率のアップに努めているか					7	5	3	1	-1
	実行力	8	施設内の意思疎通を高める仕組み作りをしているか					7	5	3	1	-1
		9	サービスや事故防止に関する社内体制づくりを行っているか					7	5	3	1	-1
		10	時間の短縮、無駄の削減等、業務の効率化のための仕組みづくりを行っているか					7	5	3	1	-1
		11	事業拡大、サービス向上に向けた新たな施策に取り組んでいるか					7	5	3	1	-1
	判断力	12	その場の状況を的確に素早く判断して、適切な処置をとることができるか					7	5	3	1	-1
		13	仕事の優先度、重要度の判断に誤りはないか					7	5	3	1	-1
			小計3				0 0 0	91	65	39	13	-13
成績評価	仕事の質	1	仕事を正確に行ったか					7	5	3	1	-1
		2	仕事を安心して任せることができるか					7	5	3	1	-1
	仕事の量	3	同職種、同レベルの職員と比較してその業務量は多かったか					7	5	3	1	-1
		4	仕事を手際よく迅速に処理したか					7	5	3	1	-1
			小計4				0 0 0	28	20	12	4	-4
指導力評価	部下指導	1	部下の能力を把握し、その適性に応じた指導、育成をしているか					7	5	3	1	-1
		2	部下が仕事のやる気を出すような動機付けを行っているか					7	5	3	1	-1
			小計5				0 0 0	14	10	6	2	-2

目標達成度　[0] × [　]% = [0]

態度評価　　[0] × [　]% = [0]

能力評価　　[0] × [　]% = [0]

成績評価　　[0] × [　]% = [0]

指導力評価　[0] × [　]% = [0]

（評価基準）
A＝優れている（申し分ない）　B＝普通　C＝やや劣る（やや不十分）

合計ポイント
0

等級別ウェイト

評価等級	1	2	3	4	5	6	7
目標	10%	10%	20%	25%	30%	35%	40%
態度	45%	45%	40%	30%	20%	20%	10%
能力	45%	45%	40%	35%	30%	20%	10%
成績	0%	0%	0%	10%	20%	25%	40%
指導力	0%	0%	0%	10%	20%	25%	40%

⑦ 仕事力向上のための面談シート　　　　　　　　　　（サンプル）

仕事力向上のための面談シート

評価期間	平成　年　月　日　〜　平成　年　月　日	面談日	年　月
部署		面談者役職	勤続年数	年　月
氏名		面談者氏名	評価点	評価配点

項目	考課要素		着眼点	自己	上司	調整	A	B	C
態度	積極性	1	担当以外の業務や新しい課題にも取り組み、挑戦しているか				5	3	1
		2	業務の効率化と品質向上のための工夫・改善、提案を行っているか				5	3	1
	責任感	3	自らの業務の責任と役割を明確に捉え、仕事に取り組んでいるか				5	3	1
		4	指示命令された仕事は、困難なことに直面しても最後までやり終えたか				5	3	1
	規律性	5	法人の規則・規定をよく守って勤務しているか				5	4	2
		6	上司の指示命令に従って業務を行っているか				5	3	1
		7	関係者に対し時期を逸することなく、報告・相談・連絡しているか				5	3	1
		8	必要事項を決められた手順で正確に記録し、それを適切に管理しているか				5	3	1
	協調性	9	同僚、事務職員等と強調して業務を行っているか				5	3	1
		10	同僚が忙しいときは、進んで手伝おうとしているか				5	3	1
	利用者さん対応	11	利用者さんの気持ちや人権を考え、日常の言動・態度に気を配っているか				5	3	1
		12	利用者さん、家族の話をよく聞いているか、また分かり易い説明をしているか				5	3	1
		13	利用者さん、家族に進んで声をかけ積極的な意思疎通を図っているか				5	3	1
			小計1				65	40	14
能力	知識	14	経験年数にふさわしい自らの業務に関する知識を習得しているか				5	3	1
		15	自らの業務に関する最新情報の収集等、知識や技術の向上に努めているか				5	3	1
	技術	16	経験年数にふさわしい技術をマスターしているか				5	3	1
	理解力	17	上司の指示命令を正しく理解できているか				5	3	1
		18	新しいことでものみ込みは早いか				5	3	1
	判断力	19	その場の状況を的確に素早く判断して、適切な処置をとることができるか				5	3	1
		20	仕事の優先度、重要度の判断に誤りはないか				5	3	1
	実行力	21	自らのするべきことを自分の判断で実行していけるか				5	3	1
			小計2				40	24	8
成績	仕事の質	22	仕事を正確に行ったか				5	3	1
		23	仕事を安心して任せることができるか				5	3	1
	仕事の量	24	同業種、同レベルの職員と比較してその業務量は多かったか				5	3	1
		25	仕事を手際よく迅速に処理したか				5	3	1
			小計3	0	0	0	20	12	4
指導力	部下指導（部下保有者）	26	部下の能力を把握し、その適性に応じた指導、育成をしているか				5	3	1
		27	部下が仕事のやる気を出すような動機付けを行っているか				5	3	1
			小計4	0	0	0	10	6	2
			合　計	0	0	0			

（評価基準）　A＝優れている（申し分ない）　B＝普通　C＝やや劣る（要努力）

最終評価	

⑦ 仕事力向上のための面談シート（自己申告書） （サンプル）

自己申告書

項目	氏名		部課		提出日	平成　年　月　日
					現職	

現在の仕事において

仕事の適否	仕事の難易度	仕事の繁閑
☐ 非常に適している	☐ 難しすぎる	☐ 多すぎる
☐ 概ね適している	☐ やや難しい	☐ やや多すぎる
☐ 普通	☐ 適当である	☐ 適当である
☐ あまり適していない	☐ もう少し難しくてもよい	☐ もう少しあってもよい
☐ 適していない	☐ 易しすぎる	☐ 閑すぎる

過去1年の仕事における反省点

（自分の適性、資質、能力、資格等を考慮して現在の仕事に対する感想などを自由に記入して下さい。）

これからの仕事に対する心構え

（将来の希望や目指したい職種、職位等について自由に記入して下さい。）

提案、その他

（法人、職場に対する希望、提案等について自由に記入して下さい。）

法人欄

263

■参考文献等

本書をまとめるに当たり、以下の文献を参考とし、数多く引用いたしました。ここに記して深く感謝申し上げる次第です。

1．参考文献
① 厚生労働省労働基準局編『労働基準法』労政行政
② 津田眞澂『新・人事管理』有斐閣
③ 佐藤博樹、藤村 博之、八代 充史『新しい人事労務管理』有斐閣アルマ
④ 安西愈『介護労働者の雇用管理総論』介護労働安定センター
⑤ 永田智彦、田中正明『改訂新版 社会福祉法人の会計実務』TKC出版
⑥ 杢野暉尚『介護経営の黒字化の極意』幻冬舎
⑦ 田中元『スタッフに辞めると言わせない介護現場のマネジメント』自由国民社
⑧ 松下直子『採用・面接で採ってはいけない人の見きわめ方』同文館
⑨ 石嵜信憲『トラブルを起こさない退職・解雇の実務と法律知識』NOMA総研
⑩ 石井妙子『「問題職員」対応への法律実務』日経出版部
⑪ 楠田丘『賃金とは何か』中央経済社
⑫ 赤津雅彦『賃金システム再構築マニュアル』実務教育出版
⑬ 中村壽伸『成果主義の人事・報酬戦略』ダイヤモンド社
⑭ 三宅直『退職金規程と積立制度』経営書院
⑮ 山本晴義監修・江花昭一編集『職場のメンタルヘルス・セルフチェック』ぎょうせい
⑯ TKC全国会経営革新委員会・BCS研究委員会『社長の仕事』TKC出版
⑰ 幸田一男『最新・目標による管理』日経BP
⑱ 吉川武男『バランス・スコアカード入門』生産性出版
⑲ 嶋田利弘『SWOT分析コーチングメソッド』マネジメント社
⑳ R.ブレーク、A.マッケーンス『期待される管理者像』産能大学出版部
㉑ ミズコミュニティ編集部『先進事例に学ぶ 介護事業の経営改革術』ヒューマン・ヘルスケア・システム
㉒ 中昌子『社員もパートもみずから動き出す「心の報酬」の考え方』阪急コミュニケーションズ

2．参考労働統計データ等
① 『平成25年度介護労働実態調査』（財団法人 介護労働安定センター）
② 『TKC社会福祉法人経営指標（S−BAST）』
　（編集：TKC全国会社会福祉法人経営研究会）

③「介護保険事業状況報告月報」(厚生労働省)
④「平成25年度　賃金構造基本統計調査」(厚生労働省)
⑤『中小企業の賃金指標(平成26年度版)』(編集：TKC全国会システム委員会)
⑥『社会保障審議会　介護保険部会資料』(厚生労働省)

■著者略歴

川井義久（かわい よしひさ）

税理士　ひたち野総合税理士法人代表社員　社会福祉法人廣山会理事長
TKC全国会社会福祉法人経営研究会代表幹事

1956年　茨城県生まれ
1980年　税理士試験合格
1985年　税理士登録
1987年　川井義久税理士事務所開業
1992年　医業経営コンサルタント登録
1995年　社会福祉法人廣山会開設
2003年　TKC全国会社会福祉法人経営研究会　代表幹事就任
2005年　ひたち野総合税理士法人設立

〒315-0054　茨城県かすみがうら市稲吉2-21-1
E-mail：kawai-yoshihisa@tkcnf.or.jp
URL：http://www.tkcnf.com/hitachino/pc/

山口徹実（やまぐち てつみ）

社会保険労務士　人事コンサルタント　オフィス人事サポート代表

1954年　富山県生まれ
1977年　株式会社TKCに入社
　　　　※沖縄センター長、金沢センター長、九州センター長、関東信越統括センター長、
　　　　　並びに本社情報企画室長等を歴任
　　　　　在職中に社会保険労務士試験合格
2005年　取締役営業推進本部長兼取締役東日本統括センター長を最後に株式会社TKC退職
2005年　「オフィス人事サポート」を開設
2006年　特定社会保険労務士（紛争解決手続代理業務）試験合格
2007年　特定社会保険労務士　付記

〒320-0003　栃木県宇都宮市豊郷台2-33-2
E-mail：info@co-js.com
URL：http://co-js.com/

改訂新版
"やる気"と"働きがい"を引き出す
福祉・介護事業者の人事・労務

2008年4月16日　第1版第1刷	定価（本体2,000円＋税）
2015年7月10日　改訂新版第1刷	

著　者　川　井　義　久
　　　　山　口　徹　実
発行所　株式会社ＴＫＣ出版
〒102-0074　東京都千代田区九段南4-8-8
日本YWCA会館4F　TEL03（3239）0068
装　丁　株式会社ぺぺ工房

ⒸYoshihisa Kawai & Tetsumi Yamaguchi 2015 Printed in Japan
落丁・乱丁本はお取り替えいたします。
ISBN 978-4-905467-28-1